愿意陪伴
愿意学习
愿意去爱
就已经走在了正确的道路上

告别焦虑与内耗的
家庭沟通指南

田芊 著

亲子关系
心理学

复旦大学出版社

引言
懂规律比懂方法更重要：
开启不焦虑的养育新篇章！

一、现代父母的困惑：为什么懂的道理越多，育儿越焦虑？

作为一名心理学研究者，在和许多家长交流时，我经常听到一个问题："田老师，我们读了那么多书，学了那么多育儿知识，可为什么用在自己孩子身上却总是不灵呢？"

如今，各种育儿知识铺天盖地，父母们的育儿素养看似在不断提高，但奇怪的是，我们养育孩子的自信心和亲子关系的质量，似乎并没有随之提高。

这背后的根本原因在于：许多教育方法和孩子真实的成长需求之间，发生了"错位"。

孩子的成长是有其内在规律和节奏的，就像一棵树的生长需要经历发芽、长叶、开花、结果的不同阶段。如果在发芽期强求它开花，再好的养料也会变成负担。传统的育儿观念往往忽视了孩子在不同成长阶段独特的心理需求,导致我们给了很多,却都不是孩子当下最需要的。

二、两大成长规律:我们育儿的"底层逻辑"

要破解这种"错位",我们需要借助两位心理学巨匠的智慧,他们为我们提供了理解孩子成长的两个关键:

- 埃里克森的"人生八阶"——看见孩子的情感需求

埃里克森告诉我们,每个孩子从出生到成年,都在攀登一座有八个阶段的"人生阶梯"。每个阶段,孩子都需要完成一个核心的"心理社会任务",比如在婴儿期建立"信任感",在青春期确立"自我认同"。只有当积极的心理品质(如信任、自主)战胜消极的品质(如不信任、羞怯)并占据主导,孩子才能获得健康成长的内在力量。这为我们指明了"在每个阶段,孩子内心最需要什么"。

- 皮亚杰的"认知发展"——匹配孩子的思维能力

皮亚杰提醒我们,孩子的思维能力是随着大脑的成熟而发展的,就像硬件升级一样。我们不能指望一台"老式电脑"去运行复杂的现代软件。同理,我们给孩子的教育方法,必须符合他们在特定年龄的思维水平。例如,对一个3岁的孩子讲抽象的大道理,他很难理解,这并非不听话,而是他的"认知硬件"还未准备好。这为我们解答了"用什么样的方式,孩子才能听得懂、学得会"。

三、本书的核心模型：发展任务适配模型（DTAM）

基于以上两大理论，本书提出了一个特别适合家庭实践的养育模型——"发展任务适配模型"（Development Task Adaptation Model，简称 DTAM）。

您可以把它想象成一个"双螺旋结构"：一根链条是孩子的情感与社会性发展任务（埃里克森），另一根链条是孩子的认知与思维发展水平（皮亚杰）。只有当我们的养育策略同时与这两条链条精准"适配"时，教育才能真正高效。

为了让这个模型更具操作性，我们将 DTAM 在不同年龄段的应用，提炼成了三个核心养育策略，它们是 DTAM 在具体场景下的"战术手册"：

● 3~6 岁（学龄前期）

这个阶段的孩子能想象，但不善于逆向思维，需要激发他的主动性与创造力。我们将运用"创造性边界"（Creativity，Boundaries，Facilitation，简称 CBF）策略，在爱与规则中守护孩子的主动性与好奇心。

● 6~12 岁（学龄期）

这个阶段的孩子的逻辑思考需要以具体现实为支撑，需要建立勤奋与自信。我们将运用"阶梯式成就反馈"（Step Division，Achievement Feedback，Flexible Reward，简称 SAF）策略，系统性地建立孩子的自驱力。

- 12~18岁（青春期）

这个阶段的孩子能进行抽象思维，喜欢质疑，需要建立清晰而稳定的自我认同。我们将运用"叙事重构对话"（Narrative Analysis，Different Perspectives，Value Discussion，Future Planning，简称NDVF）策略，陪伴孩子穿越风暴，找到真正的自己。

为了让理论更贴近实际生活，我们从多年的咨询实践与课题研究中，精心挑选了40多个真实的家庭案例，这些案例都经过了严格的伦理审查并做了匿名处理，涵盖了孩子成长过程中的常见问题，比如3~6岁的过度依赖、6~12岁的习得性无助以及12~18岁的自我认同等。

四、本书的"使用说明书"：成长导航六步法

为了确保这些心理学智慧能真正从"理论"走向"实践"，彻底解决"知道很多，但用不好"的困惑，本书的每一章节都将遵循一套精心设计的学习路径。我把它称作"成长导航六步法"，它将像一位贴身的向导，陪伴家长将知识内化为行动，走过从理解到改变的全过程：

- 场景复现

从一个家长再熟悉不过的家庭生活片段开始——也许是孩子情绪失控的瞬间，或是家长在教育中感到精疲力竭的时刻。这些场景将迅速拉近我们与问题的距离。

- 心理学透视

一起戴上心理学的"X光眼镜",看透行为表象之下,孩子和家长内心深处真正的需求与动机。我们将明白,每一个行为背后,都有其发展的规律。

- 真实案例

分享来自我的咨询实践和个人生活中的真实故事。人的故事亦是我们的镜子,我们将在共情与反思中,获得更深刻的启发与力量。

- 随时可用的"家庭工具包"

这是我们解决"用不好"困惑的核心。这里没有晦涩的理论,只有具体、可操作的方法、沟通话术和行动清单。它就像一个急救包,随时取用,应对每个家庭眼前的挑战。

- 小结

在每一小节的结尾,我会提炼出最核心的要点,巩固记忆,也方便家长在需要时快速回顾。

- 今日小作业

改变,始于微小的行动。这个小小的练习,就是将所学付诸实践的第一步。

我们相信,跟随这六个模块的引领,每位家长将不仅仅是"读完"一本书,更是和孩子共同完成一次卓有成效的成长之旅。

五、即将开启的旅程：全书内容概览

在掌握了这套导航系统后,我们将正式启程。在接下来的旅程中,我们将一同穿越四块充满挑战又充满机遇的"成长大陆":

- 第一章 家长的自我成长:先安顿自己,再教育孩子

本章将聚焦于家长的情绪管理、观念升级与家庭协作,为我们后面在 DTAM 框架下的教养之旅提供稳固的后方支持。

- 第二章 3~6 岁:在爱与规则中,守护孩子的主动性与好奇心

本章我们将围绕孩子这一阶段"主动 vs 内疚"的核心冲突,并引入"创造性边界"(CBF)策略,解决孩子撒泼打滚、不好好吃饭、社交退缩等常见难题。

- 第三章 6~12 岁:从他律到自律,建立孩子的自驱力

本章我们将围绕孩子这一阶段"勤奋 vs 自卑"的核心冲突,学习如何运用"阶梯式成就反馈"(SAF)策略,系统性地解决孩子作业拖拉、缺乏动力、考试焦虑等学业挑战。

- 第四章(12~18 岁):在风暴与迷茫中,陪伴孩子寻找自我认同

面对青春期的"拧巴"与叛逆,我们将借助"叙事重构对话"(NDVF)策略,学习如何与孩子进行平等对话,智慧地引导

他们处理早恋、网络沉迷等现实问题。

让我们一起携手,让每个家庭的教养更加科学、更加轻松,让每个孩子的成长更快乐、更健康!

目 录
Contents

第一章
Chapter 1
家长的自我成长：先安顿自己，再教育孩子

一　情绪与能量管理　　　　　　　　　　　／4
01　为什么总感觉爱孩子的"电量"不够用？　　／4
02　平时上班忙，陪伴少，如何摆脱内疚感？　／9

二　核心教育观念升级　　　　　　　　　　／14
01　"穷养儿，富养女"究竟有没有道理？　　／14
02　为什么总感觉自己不会带孩子，想找人问？　／20

三　家庭系统与协作　　　　　　　　　　　／25
01　不放心老人带孩子，自己又顾不上，该如何协调？　／25
02　意识到曾对孩子用错方法，如何真诚地向他道歉？　／30

第二章
Chapter 2

3~6岁：在爱与规则中，守护孩子的主动性与好奇心

一　日常行为与习惯养成　　　　　　　　　　/ 43
01　孩子总找理由不去幼儿园，我该怎么办？　　/ 43
02　孩子总不好好吃饭，"饿一顿"真的能治好吗？　/ 48
03　孩子究竟几岁分床睡最合适？　　　　　　/ 54
04　为什么一"提问"，孩子就"沉默"？　　　/ 59

二　情绪管理与性格塑造　　　　　　　　　　/ 65
01　孩子动不动就撒泼打滚，如何应对他的"情绪小怪兽"？　　　　　　　　　　　　　　　　/ 65
02　别再说"多大点事儿"，如何安抚因小事崩溃的孩子？　　　　　　　　　　　　　　　　/ 71
03　孩子总爱哭，开不起玩笑，家长该如何正确应对？　/ 76
04　我家孩子明明是男孩，但胆子特别小，我该怎么办？　/ 81

三　人际交往与社会性发展　　　　　　　　　/ 87
01　孩子被欺负了，我该教他"打回去"吗？　　/ 87
02　孩子跟小朋友玩，总是"输不起"，我该怎么办？　/ 93
03　孩子出门就"怂"，是"窝里横"吗？　　　/ 98

第三章
Chapter 3

6~12 岁：从他律到自律，建立孩子的自驱力

一　学习动力与学业挑战　　　　　　　　　　　　/ 110
- 01　孩子成绩差自己却不急，如何唤醒他的"学习责任感"？　　　　　　　　　　　　　　　　　　/ 110
- 02　从"推着走"到"自己跑"，如何培养孩子的"学习自驱力"？　　　　　　　　　　　　　　　　/ 115
- 03　从"我太笨了"到"我再试试"，如何培养孩子的"成长型思维"？　　　　　　　　　　　　　　/ 121
- 04　作业拖拉、潦草、敷衍？如何系统性地解决孩子的作业难题？　　　　　　　　　　　　　　/ 126
- 05　孩子注意力不集中、爱开小差，我该怎么办？　　/ 131
- 06　孩子不知道为什么要读书，如何帮他找到学习的意义与目标？　　　　　　　　　　　　　　　/ 136

二　心理素质与情绪健康　　　　　　　　　　　　/ 142
- 01　孩子总羡慕同学家境，爱攀比，我该怎么办？　　/ 142
- 02　"夸奖"的艺术，如何让孩子自信又不自负？　　/ 147
- 03　孩子对老师的批评太敏感，如何提升他的抗挫折能力？　　　　　　　　　　　　　　　　　　/ 152
- 04　如何帮助孩子应对考试焦虑，稳定发挥？　　　　/ 157
- 05　如何让孩子看见自己的闪光点，建立自信？　　　/ 163

三 生活习惯与人际交往　　　　　　　　　　/ 169
01 孩子不肯做家务，如何培养他的家庭责任感？　/ 169
02 孩子休息时只爱打游戏，不爱户外运动，我该
怎么办？　　　　　　　　　　　　　　　/ 174
03 孩子在学校交不到朋友，我该怎么办？　　　/ 179
04 孩子总在"察言观色"？他会不会变成讨好型
人格？　　　　　　　　　　　　　　　　/ 185

第四章
Chapter 4

12~18岁：在风暴与迷茫中，陪伴孩子寻找自我认同

一 亲子沟通与关系重构　　　　　　　　　　/ 196
01 孩子总是对我发脾气，如何回应"青春期炮火"？/ 196
02 青春期孩子"不服管"，如何建立平等对话的桥梁？/ 202
03 孩子房间乱如"猪窝"，不爱卫生，我该怎么办？/ 207
04 假期"躺平"，做事懒散，如何激发青春期孩子的
行动力？　　　　　　　　　　　　　　　/ 212
05 孩子一不开心就威胁要离家出走，如何应对？　/ 218

二 自我认知与情绪管理　　　　　　　　　　/ 224
01 活在别人眼光里太累，如何帮助孩子建立稳固的
自信？　　　　　　　　　　　　　　　　/ 224
02 孩子太"霸道"，不懂感恩，如何帮助他培养
同理心？　　　　　　　　　　　　　　　/ 229

03 孩子总是抱怨,如何引导他看见生活中的"正
    能量"? /235
04 中考失利,如何帮助孩子(和自己)度过失望期? /240

三 社会交往与现实挑战 /246
01 孩子开始"早恋",我该如何智慧地引导? /246
02 孩子沉迷网络,甚至偷偷给游戏充钱,我该怎么办? /251
03 孩子和朋友闹矛盾,我应该介入吗? /257

后记:教养,是一场漫长而温柔的修行 /263

第一章
Chapter 1

家长的自我成长：
先安顿自己，再教育孩子

在开始探讨如何教育孩子之前,我们不妨先将目光转回到自己身上,问一个可能被我们忽略了很久的问题:在这场漫长的育儿修行中,作为父母的我们,还好吗?

我们常常听说,飞机遇上气流时,要先给自己戴上氧气面罩,再去帮助身边的小孩。这个道理听起来简单,但在家庭教育的实践中,我们却常常忘记——我们总想倾尽所有,却发现自己的"情感电量"早已耗尽;我们努力学习各种方法,却被内心深处的内疚、焦虑和不确定感牢牢束缚。

从家庭系统理论的角度看,父母是整个家庭系统的"情绪定海神针"。当我们内心稳定、能量充沛时,整个家就如同一艘平稳航行的船,能够抵御风浪;而当我们自己被焦虑、疲惫和固有的观念困住时,再好的航海技术(育儿方法)也难以施展。孩子的许多问题,其根源往往映射着我们自身尚未解决的内在课题。

所以,在深入探讨如何应对孩子的成长挑战之前,这一章,我想和大家一起,开启一次必要的、向内的探索之旅。我们暂时放下如何对孩子的"方法论",转而关注自身的成长,共同探讨:

如何管理好自己的情绪与能量,为爱"充电",避免情感透支?

如何升级我们核心的教育观念,打破那些代代相传的"育儿魔咒"?

如何构建和谐的家庭协作系统,让我们不再单打独斗?

因为,先安顿好自己,我们才有能力安顿好孩子。一个内心丰盈、情绪稳定的父母,本身就是孩子最好的教育,也是他们面对未来世界时,心中最坚实的安全基地。

让我们从这一章开始,先为自己戴上"氧气面罩",充满能量,再与孩子一同前行。

一 情绪与能量管理

01 为什么总感觉爱孩子的"电量"不够用？

场景复现

许多家长在照顾孩子时,经常陷入一种困惑:明明自己已经倾尽全力给予孩子照顾与爱护,为什么却依然感到精疲力竭、身心俱疲?这种感觉就像手机的电量永远不够用,明明已经充了一晚上电,但用不了多久又显示低电量警告,让人焦虑不安。

心理学透视

这种反复出现的疲惫感,其实往往来自家长内心深处潜藏的一种"我不配"的信念。心理学研究发现,那些在自己的成长过程中未曾得到足够关注、认可或鼓励的人,在成为父母后,更容易陷入"过度付出"的模式。他们试图通过加倍的爱与牺牲,来证明自己是一个称职的好家长,以此填补内心的不安全感。然而,这种无意识的补偿行为,在心理学上被称为"输家脚本"——我们以为在给予,实际上是在消耗。过度付出不仅没有换来内心的平静,反而加速了情感能量的透支,让亲子关系陷入困境。

真实案例：当付出成为家庭的负担

哲哲（化名）妈妈就是这种模式的典型。在哲哲成长的14年里，她几乎将所有精力倾注在孩子身上，对孩子九成以上的需求都有求必应。

起初，哲哲妈妈认为自己给予了哲哲极大的爱与支持，哲哲也看似离不开她。但随着孩子进入青春期，这份沉甸甸的爱逐渐变成了压力，哲哲变得既依赖她，又渴望挣脱她。而哲哲妈妈自己，也越来越焦虑、敏感，内心仿佛一个被透支的银行账户，空虚而脆弱。

这个案例提醒我们，当父母的情感储备耗尽时，家庭的氛围非但不会温暖，反而会充满紧张与疲惫。

解决方法：三步走

那么，我们该如何从根本上破解这种"过度付出"的困境，重新获得内在的平衡与力量呢？下面这三个具体的实践步骤，将帮助我们一步步走出惯性。

第一步：为自己"充电"，建立内在的能量源

要想给孩子提供持续稳定的爱，首先要确保自己的情感"电量"充足。我们可以尝试两个简单有效的方法：

- 每日"关爱清单"

每天记录至少三件能让自己感到放松或愉悦的小事,比如:清晨安静地喝一杯热茶,傍晚散步欣赏夕阳或夜晚静静听一首喜欢的音乐。坚持记录,养成自我滋养的习惯。

- 建立"优点存折"

在一个本子上,写下自己至少五个值得欣赏的闪光点,比如耐心、乐观、细致、自律、有责任心。经常翻阅,提醒自己:我是一个值得被爱、值得拥有美好生活的人。

第二步:平衡家庭的"情感账户",设定自我关怀的边界

除了个人的情感储备,健康的家庭也需要能量平衡。这两个方法能帮助我们守护好自己的边界:

- 践行"105%法则"

在给予孩子100%的关注与爱之前,先确保自己至少有5%的时间用在自我照顾上。例如,如果一天为孩子付出了10小时,那么至少为自己留出30分钟,做纯粹取悦自己的事。

- 设置"能量警报"

给自己设定一个提醒。如果连续三天没有做任何让自己开心或放松的事,这就是一个警报。我们需要暂停一下,认真调整自己的生活节奏,避免情感能量长期透支。

第三步：打破家族的"付出魔咒"，实现代际模式的超越

许多父母过度付出的行为模式，往往是在原生家庭中无意识习得的。打破这种代际传承，可以从以下两步开始：

- 制作"养育习惯对比表"

拿出纸笔，分别列出自己父母的育儿风格与习惯，圈出自己想改变的部分（如过度溺爱、过分严厉），并明确标注出自己希望建立的新模式。觉察，是改变的第一步。

- 进行家庭角色扮演

偶尔和家人玩一玩角色互换的游戏，短暂体验彼此的感受。这种生动的体验，能帮助家庭成员相互理解，更有效地改善沟通模式。

随时可用的"家庭工具包"

- 5分钟深呼吸练习

在碎片化的时间里，比如等待孩子下课时，做5分钟的深呼吸练习（吸气4秒，屏息4秒，呼气6秒），能快速恢复平静与能量。

- 建立"家庭能量站"

每周固定1小时，全家共同进行一项纯粹为了放松和娱乐的活动，如拼图、家庭KTV或一起制作甜点，建立温暖的互

动氛围。

- 制作"能量可视化图表"

在家中明显位置,用不同颜色的笔标记每天自我关怀和育儿的时间占比,让情感能量是否均衡一目了然,时刻提醒自己调整。

小结

这节旨在帮助家长在高强度育儿的同时,也能够照顾好自己内心深处的小孩。请记住,只有自己内心的电量保持充足,才能持续稳定地给孩子真正有温度的爱。

今日小作业

让我们从最简单也最重要的一步开始:为自己列一份"关爱清单"。

找一个安静的时刻,无论是午休、睡前,还是独处的 5 分钟。拿出手机备忘录或一张纸,写下至少三件能让你感到愉悦和放松的小事。它们不必宏大,比如:

泡一杯你最喜欢的花茶,慢慢品尝。戴上耳机,完整地听一首能触动你的老歌。什么都不做,只是安静地坐在窗边看云。

这个作业的目的,不是增加一项任务,而是温柔地提醒自己:我的感受很重要,我值得被关爱。这是我们为自己的情感电池,充上的第一格电。

02 平时上班忙,陪伴少,如何摆脱内疚感?

场景复现

很多职场父母内心都藏着一个无法言说的痛:白天忙着上班,晚上回到家已经很晚了,陪孩子的时间少得可怜。有时候遇上工作应酬或者加班,甚至一整天都见不到孩子。

夜深人静时,内疚感便会悄然袭来:"我是不是一个不称职的父母?""我是不是错过了孩子最重要的成长阶段?""我该做些什么来弥补?"

如果你也有这样的感受,请先深呼吸,放下这份焦虑。

心理学透视

很多年前,我也曾深陷在类似的内疚感中。为了寻找答案,我查阅了大量研究,其中一项由美国国家教育统计中心发起的"童年早期纵向研究"(Early Childhood Longitudinal Study)给了我极大的启发。

这项大型研究追踪了超过 2 万名儿童,旨在探究哪些家庭因素真正影响孩子的学业成就。研究者考察了 16 个变量,包括父母的刻意行为(如是否全职带娃、是否每天陪读、是否常去博物馆)和父母的自身特质(如学历高低、家庭社会经济地位、自身是否有阅读习惯)。

结论非常发人深省:

与孩子学业高度相关的,几乎都是父母自身的特质。

简单来说,父母是什么样的人,比他们为孩子做了什么更重要。

那些我们认为至关重要的刻意行为,如"全职带娃",反而与孩子的学业成就几乎没有显著关联。

也就是说,陪伴的"时间长度"远远不如父母自身的成长和生活态度重要。这也印证了一个简单的道理:身教远远大于言教。

不是我们日复一日的陪伴时长在影响孩子的成长,而是我们本身作为一个独立个体的生活状态、人生态度和精神面貌。

我们是什么样的人,决定了孩子将成长为什么样的人。

真实案例:决定孩子未来的,是你"是谁",而不是你"陪了多久"

我自己也曾因为加班、出差而错过和孩子相处的很多时光。一开始我也有很强的愧疚感,总想靠各种"弥补"行为来补偿孩子,比如给孩子买玩具,安排更多活动,但后来我意识到——

真正能让孩子感到被支持和安心的关键,不是我一天陪他几个小时,而是:

我是否自己在努力成长?我是否在和孩子聊天时真心投入?我是否在孩子需要倾听时,不急着说教,不轻易打断?

从那之后,我不再把焦点放在"陪多少时间"上,而是放在"陪孩子的时候,我能不能真正成为一个值得被他依靠的人"上。

慢慢地,我发现,即使每天能陪伴孩子的时间很短,他依然很有安全感、很有动力,他能感受到我对他的爱,也能感受到我对自己生活的热爱。

解决方案: 三步走

在有限的时间里,我们如何给予孩子最高质量的支持呢?可以从以下三个步骤着手。

第一步: 深度连接,而非浅层陪伴

与其心不在焉地陪着孩子玩 1 小时,不如专注地、高质量地和孩子互动 15 分钟。放下手机,关掉电视,少一些唠叨和控制,多一些真诚的倾听与共情。

当孩子吐槽学校的烦心事或分享一件趣闻时,用心听他说完,给他一个理解的拥抱。

第二步：固定互动，而非临时拼凑

高质量的陪伴需要固定的仪式感,它能给孩子带来稳定感和期待。比如约定好"睡前 10 分钟谈心时间",聊聊当天最开心或最难过的瞬间;或是定下一个"周末小约定",每周固定一起完成一件小事,比如做一顿早餐、打一场球。

这些固定的"小约定",远比临时起意的碎片化陪伴更有力量。

第三步：成为孩子的"榜样",活出你希望他成为的样子

我们在工作中的努力、在生活中的坚持、在面对挑战时的勇气,是给孩子最宝贵的无声教育。我们可以偶尔和孩子分享自己工作中的小成就或遇到的困难,让他看到一个真实、立体、努力生活的父母。

这会让他明白：为生活而奋斗,是一件值得骄傲的事。

随时可用的"家庭工具包"

- 睡前 5 分钟情绪小对话

每天固定一个时间段,不谈学习、不批评,只聊情绪："今天有什么开心的事吗?""有没有什么烦恼想告诉我?"

- 周末小约定

每周固定和孩子一起做一件小事,比如一起做早餐、一起做

个手工或者打一次球,让陪伴有仪式感,而不是一种临时拼凑。

- 家庭"成长故事"分享会

偶尔在家庭晚餐时,分享彼此最近的小成长、小收获。比如妈妈最近学会了一个新技能,孩子最近认识了一个新朋友。

小结

如果你还在为陪伴时间太少而内疚,请一定记住:孩子真正需要的,是一个精神上积极、温暖、有力量的父母,而不是一个 24 小时围着他转、自己却失去生活重心的"保姆"。

真正的爱,不是牺牲,而是引领。让自己成为那个值得孩子仰望和追随的榜样,这才是对他们最好的"补偿"。

今日小作业

不妨在晚上回家后,无论多晚、多累,郑重地为孩子留出专属的"5 分钟倾听时间"。

放下手机和所有杂事,蹲下来,看着他的眼睛,认真地问:"今天有没有一件让你开心或者有点烦恼的小事,愿意和我说说吗?"

在这个过程中,请务必做到:不批评、不打断、不讲道理。你的任务只有一个——认真地听,温柔地看,给他一个理解的微笑。

你会惊喜地发现,仅仅是这 5 分钟全身心的投入,孩子的内心就能被深深地滋养。

二　核心教育观念升级

01　"穷养儿，富养女"究竟有没有道理？

场景复现

"儿子要穷养，女儿要富养。"这句话几乎每个做父母的都听过。它听起来似乎颇有道理，却常常让我们陷入困惑：难道真的要通过严格约束男孩、尽可能满足女孩的方式，才能让他们健康成长吗？

这种说法的底层逻辑似乎是：用物质的丰盈去"武装"女孩，让她未来不为物欲所惑；用刻意的磨砺去"锤炼"男孩，让他将来能扛起生活的重担。然而，这种贴着性别标签的养育方式，真的能培养出我们期待的健康人格吗？

心理学透视

"穷养儿，富养女"的观念，本质上是一个伪命题。它背后隐藏的，是家长基于性别差异产生的两种典型焦虑。

对女儿的"物化焦虑"：担心女儿因为见识浅薄，未来轻易被物质诱惑所俘获，因此希望通过提前的物质满足来构建一道"防火墙"。

对儿子的"工具化焦虑":担心儿子不够坚强、无法在社会竞争中立足,因此希望通过人为的挫折教育,把他打造成一个能"吃苦耐劳"的强者。

这种观念存在两大根本性的误区:一是将"见世面"狭隘地等同于"见识物质"。真正的世面,取决于心灵的宽度,而非物质的堆砌。二是固化了性别的刻板印象。它无形中暗示:女孩是柔弱的、需要被保护的;男孩是坚韧的、必须去征服的。这极大地限制了孩子人格的完整发展。

真实案例: 当过度的"富养"成为成长的负担

我的朋友陈女士(化名)和她的先生,是一对收入普通的中产家庭父母,但为了给女儿悦悦(化名)创造所谓的"高品质生活",他们不惜缩减自己的日常开支,将大部分收入用于孩子的奢华体验之上。

他们每年坚持带悦悦出国旅行,头等舱、五星级酒店,甚至六星级、七星级酒店,都为她安排妥当。然而,这种看似精致的成长方式并未让孩子真正拥有广阔的视野,反而使她对日常生活变得极为挑剔。

有一次,这家人在旅途中选择了一家较为普通的酒店住宿。年仅五六岁的悦悦突然情绪崩溃,她抱怨这里环境差、太脏,不肯接受这种"落差"。在她短暂的人生经历中,只有最好的酒店、最舒适的环境,普通人的生活方式反而令她无法适应。

这其实是一种更严重的"没见过世面"：她虽然体验了物质的极致，却未能接受生活的多样性和变化，在遇到困难和挑战时，显得无助而脆弱。

解决方法：三步走

想要培养出自信、独立、适应能力强的孩子，我们必须重新审视"世面"这一概念，摒弃简单的性别标签，采取更加均衡和科学的教育方式。这无关贫富，无关性别，以下三个步骤，可以有效帮助家庭摆脱这种刻板教育观念。

第一步：拓宽孩子的"世面"，带孩子体验世界的多样性

真正的见世面，应该是多维度、多角度的生命体验，而非单一的物质满足。家长可以尝试：

- 列出多样化的生活体验清单

列出至少五种不同类型的体验，如户外徒步、社区义工、农场体验、博物馆参观、手工制作活动等，定期带领孩子参与。让他明白，世界是多元的，生活是立体的。

- 体验记录本

引导孩子记录每次体验后的感受与收获，不仅关注令他愉悦的部分，更鼓励他思考过程中遇到的困难和挑战，帮助孩子形成面对多样人生的积极心态。

第二步：培养孩子的"心理弹性"，面对生活变化不慌张

无论男孩还是女孩，都应当培养出坚韧的心理素质，懂得如何在舒适与挑战之间自如转换：

- 体验不同的居住环境

这次旅行安排五星级酒店，下次就选择朴素的民宿，让孩子学会在不同条件下都能发现生活的乐趣与价值。

- 小挫折训练营

安排一些力所能及的小挑战，例如徒步旅行、露营体验、简单的手工或家务任务，让孩子在过程中体验到困难，逐渐培养其克服挫折、积极解决问题的能力。

第三步：消除性别偏见，鼓励孩子发展独立人格

心理学中有一种现象称为"皮格马利翁效应"，即家长内心的预期会潜移默化地影响孩子的成长路径。如果家长的观念中隐含着"女孩子终将被人带走，男孩子一定要坚强独立"，这将不知不觉地限制孩子的潜能发展。我们可以尝试两个简单有效的方法：

- 家庭"小小公民"计划

无论男女，都应从小承担适合其年龄的家庭责任，如整理房间、照顾宠物。让他们在实践中学会自我管理，树立独立生活的信心。

- 家庭换位日

定期进行家庭内部的角色互换活动。鼓励男孩体验烹饪和艺术,也支持女孩尝试探险和运动。让每个孩子都能充分探索自己的潜能,而不是被性别的条框所束缚。

事实证明,"穷养儿,富养女"的传统观念不仅局限了孩子的成长空间,更容易引发孩子在适应社会中的种种问题。真正的"见世面",不是简单地满足物质需求,而是要培养孩子的内在力量,让他们具备在任何环境下都能积极、独立、从容面对生活的能力。

随时可用的"家庭工具包"

- 制作"世界体验"地图

和孩子一起制作一张地图,标记出你们想共同体验的五种不同类型的活动(如自然探索、城市漫步、志愿服务等),并逐一实现。

- "舒适圈拓展"挑战

每季度设定一个小挑战,比如学习一项新技能、完成一次独立出行,帮助孩子在安全的范围内不断拓展自己的能力边界。

- "家庭公民"职责表

共同制定一张家务分工表,让每个家庭成员(无论男女)都有自己明确的责任,培养孩子的责任感。

● "人生 AB 剧"讨论会

偶尔和孩子讨论一些开放性话题,比如"如果让你选择,是过安稳但平凡的生活,还是充满挑战但可能失败的生活",激发他对人生的深入思考。

小结

这一节希望能够帮助家长们重新思考养育观念,不再局限于简单的"穷"或"富",而是给孩子更宽广的教育,让他们拥有面对未来世界的真正底气和力量。

我们真正应该追求的,是无论对男孩还是女孩,都进行"精神上的富养"。给予孩子爱与接纳,这是情感的富足;鼓励他们探索世界、体验生活,这是见识的富足;培养他们独立思考、解决问题的能力,这是心智的富足;塑造他们坚韧、善良、有同理心的人格,这是品格的富足。

今日小作业

请和孩子一起进行一次"家庭角色大反思"。

找一个轻松的时刻,和孩子聊一聊:"在我们家,你觉得有没有哪些事情,是大家习惯性地认为'应该男孩做'或'应该女孩做'的?"

"打扫卫生是妈妈的事吗?""修理东西一定是爸爸的活吗?"

这个讨论的目的,不是为了评判对错,而是为了启发我们和孩子共同思考。

02 为什么总感觉自己不会带孩子,想找人问?

场景复现

许多父母在育儿的过程中,常常会陷入一种深深的自我怀疑:为什么养了这么久的孩子,却好像始终没有真正学会"带孩子"?每当遇到育儿难题,第一反应总是向外界求助——问朋友、查攻略、看专家,否则就会感到无助、焦虑、缺乏安全感。

这种状态,就像一个始终依赖导航开车的司机,一旦没有了导航,便不敢继续前行,生怕走错一步,就迷失在育儿焦虑和自我怀疑里。

心理学透视

这种对外部建议的依赖,其根源在于我们内心还未建立起属于自己的育儿"内在罗盘"。

很多时候,我们因为对孩子成长规律的理解不够深刻,常常在几个角色之间混乱地切换:我们想给予孩子"无条件的爱",却不小心变成了"无边界的宠溺"。我们想引导孩子成长,却又忍不住滔滔不绝地讲道理。

当我们的角色定位模糊、内心没有清晰的原则和方向时,任何一点风吹草动,都足以引发一场"养育焦虑"。

真实案例: 育儿过程中的"至暗时刻"

5岁左右是孩子的幼小衔接期,婷婷(化名)因学习压力突然增大,情绪变得极为敏感,稍有不顺心就哭闹。婷婷妈妈感到前所未有的挫败和焦虑,每次都想要寻求外界的帮助。她甚至开始怀疑自己完全不会带孩子。直到她咨询了一位临床心理学专家,才逐渐确认自己的育儿"底线"与原则。

这位专家给了婷婷妈妈一句话:"底线之下做家长,底线之上做朋友,但永远不要试图做孩子的老师。"她恍然大悟:养育的关键,不在于时时寻求外界的"标准答案",而在于为自己确立清晰而灵活的角色边界,并坚定地执行。

解决方法: 三步走

家长如何从依赖他人的建议中脱离出来,建立属于自己的育儿标准呢?这里推荐三个具体步骤,帮助家长找到清晰、有效、内心认同的养育方式。

第一步: 底线之下做家长,设定清晰、稳定的界限

"无条件的爱"并不等同于无底线的宠溺,而是"无条件地接纳孩子本来的样子",同时给孩子提供明确的边界,让他们在安全范围内自由探索。具体做法包括:

- 明确的"底线清单"

制定3~5条绝不妥协的底线,例如不能伤害自己与他人、不能故意破坏公共财物等。一旦触碰这些底线,父母要毫不犹豫地进行奖惩,使孩子明确地感知规则的存在。

- 规则与后果提前约定

每条规则都有相应的后果,清晰地告诉孩子,当触及底线时会面临什么后果,这种预期明确的界限反而能让孩子更有安全感、更少焦虑。

第二步: 底线之上做朋友,给予孩子真正的自主空间

在孩子不触碰底线的情况下,家长应主动转换角色,像朋友一样与孩子相处,而非进行控制或说教。这样才能真正培养孩子的自主性:

- 培养"真实朋友"关系

和孩子互动时做到真实表达自己的情绪感受。例如,当孩子表现令你开心时明确告诉他:"你这样做我觉得很开心。"当他让你不愉快时,也坦诚表达:"你这样做让我不舒服了。"这种及时、真实的反馈更有助于孩子理解人际交往的本质,建立健康的情绪认知。

- 尊重孩子的自主探索权

允许孩子在安全的边界内自由探索,不以朋友之名实施

"软控制"(即貌似平等交流,但目的却是操控孩子)。父母应放下"掌控欲",真正陪伴孩子体验和享受生活中的多样性。

第三步:永远不要试图做孩子的老师,专业的事情交给专业的人

许多家长陷入育儿困境,是因为试图用"老师"的角色去教育孩子,讲一大堆道理,结果孩子不但听不懂,反而更加抗拒或焦虑:

- 避免"说教式"育儿

养成习惯,尽量少用抽象的道理教育孩子,多用具象的体验或行为示范来让孩子领悟道理。记住,对 3~6 岁的孩子来说,抽象的说教往往无效甚至起反作用。

- 合理使用外部资源

当遇到复杂问题或专业需求时,主动向专业人士求助,如心理咨询师、幼教老师或其他育儿专家,避免因自己的非专业指导而使孩子陷入困惑。

随时可用的"家庭工具包"

- 育儿反思日记

每天睡前,花点时间记录自己在育儿方面的做法:哪些时刻我像"家长"?哪些时刻像"朋友"?有没有不小心变成"老师"?持续反思,能帮你更快找到内在标准。

- 绘制家庭"规则地图"

将家庭的几条核心底线,和孩子一起绘制成一张漂亮的规则地图,贴在显眼的位置。这既是提醒,也是一种家庭仪式。

- 约定"朋友时间"

每周固定一个"朋友时间",在这个时间里,放下所有评判和期待,和孩子像朋友一样聊聊天、做一件他喜欢的事,纯粹地享受彼此的陪伴。

小结

这一节的目的,就是帮助我们摆脱"不会带孩子"的自我怀疑,建立起清晰的内在标准。请记住,一个足够好的父母,并非从不犯错,而是能够清晰地划定边界,在规则之内给予孩子最充分的尊重与支持。唯有如此,我们才能走出育儿的迷茫,成为孩子成长路上那个最稳定、最智慧的陪伴者。

今日小作业

选择一个日常的互动场景,比如陪孩子玩耍或聊天。在这个过程中,有意识地提醒自己:"此刻,我不是家长,也不是老师,我只是他的一个朋友。"

试着放下所有"应该"和"必须",不去纠正他的行为,不去评判他的想法,只是陪伴他、感受他。

体验一下,当你的角色转变时,你和孩子的互动氛围,会发生怎样奇妙的变化?

三 家庭系统与协作

01 不放心老人带孩子,自己又顾不上,该如何协调?

场景复现

许多职场父母都面临着一个两难的困境:一边是无法割舍的事业责任,一边是孩子的成长需求,自己分身乏术。想请老人帮忙,却又担心育儿理念冲突,担心老人对孩子过分宠溺,甚至出现安全问题。

这种纠结的感觉,就像一根被两头拉扯的橡皮筋,随时可能断裂。我们在这场拉锯战中,感到疲惫、无奈,却又找不到完美的解决方案。

心理学透视

这种矛盾的根源,在于我们对"主要照顾者"这个角色的认知出现了偏差。

一方面,发展心理学确实强调,孩子早期需要一个稳定的照顾者,以保证孩子情绪与心理上的安全感。但另一方面,许多父母误以为这个"稳定"的照顾者必须是自己。于是,我们强迫自己亲力亲为,最终陷入工作与家庭的双重重压之下。

事实上,心理学理论从未规定"主要照顾者"必须是父母本人。无论是老人,还是其他稳定的家庭成员,只要能提供情绪稳定、持续可靠的照顾,同样能给予孩子健康成长所需的安全感。

真实案例: 老人带大的孩子,也可以很幸福

畅畅(化名)妈妈因为工作繁忙,请了保姆照顾新生儿,但很快发现保姆不够细心,孩子饿得脸色蜡黄,情况堪忧。无奈之下,她将孩子送到外公外婆家照顾,结果却发现老人不仅细心,而且对孩子充满爱意与耐心。如今,她的女儿已经长大,回忆起童年,非但没有父母陪伴少的心理缺失,反而充满了被爱包裹的温暖记忆,成年后的心理状态也十分健康积极。

类似的例子并不少见。事实上,老人带孩子未必一定会宠溺或养坏孩子。如果老人情绪平和,育儿观念也能与时俱进,那其实完全可以放心地把孩子托付给老人照顾。关键不在于"谁来带",而在于"怎么带",以及我们作为父母,如何智慧地放权与协作。

解决方法: 三步走

要走出这个困境,我们需要将育儿视为一场"团队作战",而不是父母的"单打独斗"。以下三步,能帮助我们构建一个

高效、和谐的家庭育儿团队。

第一步：角色清晰化，制定你的"家庭协作地图"

一个团队最高效的运作方式，是分工明确，各司其职。具体可以参考以下做法：

- 划分"责任田"

和老人一起，明确划分各自的职责范围。例如，父母负责教育决策、习惯培养等成长规划；老人负责饮食起居、日常接送等后勤保障。一旦职责明确，就要尊重对方的"主场"，给彼此空间。

- 建立"家庭沟通会"制度

每周或每两周，固定召开一次简短的家庭沟通会。在这个会上，可以和老人一起讨论近期的育儿问题，协调理念差异。这能避免问题积压导致情绪爆发，也让老人感受到自己的意见被尊重。

第二步：认知再升级，打破三个常见的"育儿迷思"

升级我们的认知，是减轻焦虑的第一步。家长需要打破三个迷思：

- 迷思一："我必须是唯一的主要照顾者。"

如前所述，照顾者的稳定性和情绪状态，远比其身份（是父母还是祖父母）更重要。请客观评估老人的育儿能力和情绪稳定性,如果整体状态良好,完全可以放心委托。

- 迷思二:"工作与家庭可以完美平衡。"

所谓的"平衡",本质上是动态的"取舍"。在孩子成长的不同阶段,我们需要有意识地调整事业的节奏。比如在孩子最需要陪伴的幼儿期,适当放缓职业脚步,是智慧的取舍,而非牺牲。

- 迷思三:"只要我陪着,就是好父母。"

研究表明,全职父母养育的孩子,在各项发展指标上,并未明显优于非全职父母的孩子。"足够好"的父母,就已足够。我们不必追求完美,只要能提供高质量的情感互动和稳定的成长环境即可。

第三步: 心态建设,学会信任与放手

团队协作的基石是信任。作为家庭团队的"主心骨",我们需要信任每一个成员:

- 信任老人的能力与爱心

相信老人和我们一样深爱着孩子,给予他们基本的信任。不要因为一些细枝末节的差异就全盘否定他们的付出。

- 放下"必须按我说的做"的控制欲

频繁插手老人的具体带娃方式,只会引发冲突,破坏团队和谐。在非原则性问题上,要学会"睁一只眼,闭一只眼"。

随时可用的"家庭工具包"

- "职责边界"一览表

和老人共同制作一张表格,清晰列出"爸爸妈妈负责"和"爷爷奶奶/外公外婆负责"的事项,贴在家里,一目了然。

- 5 分钟亲子时光

无论多忙,每天固定抽出 5 分钟,放下所有事情,全身心、高质量地陪伴孩子。这 5 分钟的能量,胜过心不在焉的 1 小时。

- 弹性家庭支持系统

提前规划好备用方案。在工作特别繁忙或突发情况下,可以启动备用方案,如请兼职育儿帮手、信赖的邻居帮忙照看,避免让自己陷入孤立无援的境地。

小结

这一节旨在帮助家长打破"只有自己带孩子才放心"的迷思,更有效地整合家庭力量,创造出真正健康和谐的育儿模式。请记住,真正的平衡不是事事亲力亲为,而是理性地调动家庭资源,给孩子创造充满爱和安全感的成长环境。

今日小作业

完成一次"信任的放手"。

选择一件你平时总是忍不住要亲力亲为,或者总想在旁边指点一二的关于孩子的非原则性小事(比如老人给孩子穿什么衣服、准备什么点心)。

请有意识地完全放手,不干预、不评价、不发表意见。只是在事后,对老人的付出真诚地说一句:"辛苦了,谢谢您。"

体会一下,当你选择信任和放手时,你的内心是更轻松了,还是更焦虑了?家庭的氛围又发生了怎样的变化?

02 意识到曾对孩子用错方法,如何真诚地向他道歉?

场景复现

在与孩子相处的过程中,每一位家长都会经历情绪失控或有相处方式不当的时候。当我们意识到自己曾以不当的方式教育孩子,内心的不安与自责便油然而生。那一刻,我们该如何面对孩子,如何弥补已经造成的伤害?

心理学透视

在讨论如何道歉之前,我们首先需要调整一个心态:孩子比我们想象的更具韧性,而关系比我们想象的更具弹性。

在依恋理论中,有一个非常重要的概念叫作"破裂与修复"(Rupture and Repair)。它指的是在亲密关系中,矛盾、误解,甚至伤害(破裂)是不可避免的,但真正决定关系质量的,是我们能否在"破裂"之后,进行有效的情感"修复"。

一次失控的吼叫,并不意味着亲子关系就此破裂;一次不当的惩罚,也不会给孩子带来不可逆的心理创伤。真正重要的是,我们能否在事后,用真诚、负责的态度去修复这段关系。一个懂得道歉的父母,不仅不会失去权威,反而是在向孩子示范——人都会犯错,但爱与尊重,能疗愈一切。这,是孩子学习情绪管理与人际交往最生动的一课。

真实案例: 一次道歉,让信任加深

有一次,我因为工作太累,回家看到儿子正在玩闹而不是写作业,一时情绪上头,语气很冲地责备了他。

冷静下来后,我走向儿子并蹲下来,抱了抱他,真诚地说:"妈妈今天真的很累,所以看到你没有写作业,一下子情绪就上来了。但我知道,我不该把我的情绪发泄在你身上,对不起。"

儿子听完后,点点头,小声说:"妈妈,其实我已经写完了,只是想放松一下。"

那一刻,我意识到,道歉不仅仅是为了平复我的内疚,更是为了打开一扇彼此理解的窗。这次小小的"修复",反而让我们的信任更深了一层。

解决方法：三步走

在发生问题时，我们需要的是一个真正有力量的道歉，不是一句轻飘飘的"对不起"。这里有一套完整的"修复"流程供家长参考。

第一步：共情孩子当时的感受，站在他的立场思考问题

当你和孩子道歉时，开口的第一句话不应只是匆匆忙忙的"对不起"，而是需要先温柔地共情孩子的感受。

可以这样说："妈妈今天骂你了，你很难过，对吧？我也很能理解，因为骂了你之后，我自己也觉得很不舒服。来，抱一抱。"

用真诚的态度与孩子站在同一边，让孩子感受到你的理解和关心，而不是貌似道歉，实则敷衍。

第二步：勇于承担自己的责任，给予孩子表达自己想法的机会

明确地告诉孩子："妈妈今天没有控制好情绪，这是我的问题。暴力或者吼叫不是解决问题的好方式，我为此向你道歉。"

这不仅仅是认错，更是向孩子传递一个重要的信息——成年人也会犯错，但成年人懂得为自己的行为负责。

同时，借此机会传递一个教育理念：暴力和情绪失控是不可取的，我们要共同学习用更好的方式解决问题。

继续坦诚地表达自己情绪失控的原因："当时我看到你在玩闹，我特别着急，以为你没有认真写作业，所以很生气。"

然后真诚地邀请孩子表达他的想法："我想听听，你怎么看这件事？我有没有误会你？"

给孩子一个表达自己的引导，让他有机会讲述自己的感受。很多时候，孩子的确有合理的原因，只是之前没有机会说出口。

第三步：共同讨论更好的解决办法，让孩子也理解父母

在自己和孩子的情绪平稳后，引导孩子一起反思："如果下次我们又遇到类似的情况，你希望我怎么做？你自己又可以怎么处理？"

通过换位思考，让孩子学会理解父母的情绪，也帮助孩子思考未来面对矛盾时更成熟的应对方式。

随时可用的"家庭工具包"

● "情绪红绿灯"卡片

和孩子一起制作几张简单的卡片：一张红色的（写着"暂停，我现在很生气"），一张黄色的（写着"我需要冷静一下"），一张绿色的(写着"我们可以聊聊了")。

当冲突发生,任何一方感觉情绪上头时,都可以出示红色或黄色卡片,强制双方冷静。等情绪缓和,再出示绿色卡片,开启"修复对话"。这能有效地避免在情绪高点时造成更大的伤害。

- "如果……会怎样?"的复盘游戏

在双方情绪都平复后的某个轻松时刻(比如散步时、睡前),可以和孩子玩一个复盘游戏。可以说:"我们来玩个游戏,回忆一下昨天吵架的事。如果当时我没有大吼,而是先问你一句'你在做什么呀',你觉得你会怎么回应我?"通过这种轻松的"沙盘推演",双方都能在没有压力的情况下,找到更优的互动模式。

小结

一次教育方式的不当,不代表亲子关系走入僵局,反而可能是成长的契机。

真正智慧的家长,不是从不犯错,而是能在犯错后,用真诚、担当和温暖,引领孩子一起学会修复关系,互相理解,共同成长。

让我们与孩子共同经历风雨,也共同收获阳光。

今日小作业

请进行一次"修复"练习。

回想一下,在过去的一周里,有没有哪一件小事,你可能对孩子语气急了点,或者无意中误解了他?(它不必是一场大冲突,可能只是一个匆忙的早晨,或是一个疲惫的夜晚的偶然对话)。

找个机会,用我们在本节学到的方法,真诚地对他说:"宝贝,妈妈想起来前天早上催你出门的时候,语气有点太急了,可能让你不舒服了,我想和你说声抱歉。"

这个作业的目的,不是为了翻旧账,而是为了练习"修复"这个动作本身,让真诚的道歉,成为我们家庭中一种自然、温暖的习惯。

第二章
Chapter 2

3~6 岁： 在爱与规则中，
守护孩子的主动性与好奇心

家长们经常问我这样一个问题:"田老师,孩子越来越不听话,总爱挑战我的底线,到底该怎么管呢?"

其实,这种挑战规则的行为并非孩子故意"捣乱",而是在他们的内心开始自我萌芽时,一场必然会经历的成长风暴。

根据心理学家埃里克森的理论,以及我们的"发展任务适配模型"(DTAM),3~6岁的孩子正处于发展"主动性 vs 内疚感"的关键时期。他们好奇心旺盛,渴望通过大胆尝试来认识世界,但如果探索的愿望总是被僵化的规则阻碍,就容易陷入内疚和自我怀疑,失去宝贵的主动性。

那么,如何才能既守护好这份主动性,又建立起必要的规则感呢?

针对这一阶段的孩子,我们结合心理学理论和蒙台梭利的教育理念,特别提出了"创造性边界"(CBF)策略。核心就是帮助家长在设定明确、易懂的边界内,给孩子充分的自由探索空间,在安全的前提下培养孩子形成真正的自主能力。

一、为什么孩子总在挑战规则？——三种常见的"错位"养育

埃里克森指出,3~6岁的孩子倾向于通过反复试探来确认边界。他们一遍遍用不同方式搭积木,其实就是在探索什么可以做、什么不可以做。然而,很多时候我们的回应却发生了"错位"。以下是三种常见的"错位"教育：

- 过度干预型

孩子刚用晾衣架搭起个"隧道",家长马上纠正："晾衣架是挂衣服的,不是玩具!"这种刻板的规则,容易扼杀孩子的创造力。

- 规则模糊型

我们常对孩子说"快一点",却不告诉他到底什么算"快"。如果换成"5分钟内穿好鞋",具体可感的指令效果会好得多。

- 矛盾评价型

我们一边批评孩子"太任性",一边又在别人面前夸他"有主见"。这种前后不一的评价,会让孩子感到困惑,不知所措。

二、家长的应对策略——"创造性边界"（CBF）与"情绪疏导"

在本章中,我们将为家长提供包含"智慧规则"与"情感引导"的两个层面的策略。

- "创造性边界"（CBF）

包含三个相互关联的关键步骤,旨在给予孩子"有结构的自由":

C(Creativity):创造力。家长要看见并尊重孩子的创造力,为他提供一个友好的物理环境。例如,划定"自由探索空间",在家中为孩子开辟一个专门的"创意角",比如一个 2~3 平方米的区域,里面摆放磁性黑板、小桌椅和各种收纳盒。一个被允许"乱"的角落,能极大激发孩子主动创造的意愿,让他感受到自己的探索是被接纳和鼓励的。

B(Boundaries):边界。家长要设立清晰、一致的边界。为孩子的探索提供心理安全感,让孩子在安全的轨道上探索。例如设置具体的规则:用沙漏或计时器明确"沙漏漏完之前,需要整理好玩具"(时间规则);设定清晰的原则,如使用剪刀时,"必须坐着用,尖端朝下,用完归位"(行为规则);用图表或打卡板,帮助孩子明确日常任务,培养自理习惯(责任规则)。

F(Facilitation):促进。家长要在互动中引导与促进,成为孩子探索路上的智慧向导。当孩子在边界内探索时,我们的角色不是监工,而是促进者。我们可以遵循确认意图、评估安全、鼓励实践的步骤来引导孩子:"你是想用纸巾筒做个望远镜吗?""这个想法很棒!要不要用胶带把边缘包一下,这样更安全?""你试试看,不同长度的望远镜,哪个看得更清楚?"

第二章 3~6岁：在爱与规则中，守护孩子的主动性与好奇心

- "情绪疏导"

对于 3~6 岁的孩子来说，许多问题（如撒泼打滚、社交退缩）的产生在于不会情绪管理。在情绪的风暴中，单纯讲规则是无效的。此时，我们需要运用同样基于心理学原理的、更侧重于情感接纳的"情绪疏导"策略。

三、策略的力量——让孩子在规则中学会创造与负责

在我们的实践中，许多家庭通过运用 CBF 和"情绪疏导"策略，收获了惊喜。比如，5 岁的乐乐（化名）学会了用剪刀之后，自主地创造了一种"安全传递袋"，即使用完剪刀后，先闭合剪刀，再放进布袋传递。幼儿园后来也采用了这种方法，有效提高了安全性。玲玲（化名）家实施了"睡眠时钟"制度，让她自己选择睡觉的时间：如果选择晚上 9 点睡觉，可以听睡前故事；如果 9 点半睡觉，可以自己挑选第二天穿什么衣服。该制度实施几个月后，玲玲的作息更规律了，亲子间关于睡觉的冲突大大减少。小宇（化名）家设计了一个"情绪气象站"，孩子每天用不同的天气符号（太阳表示开心，雷雨表示不开心）表达自己的情绪状态，家长据此与孩子沟通。经过几周的使用，小宇明显更善于表达自己的感受，也更少发脾气了。

大量家庭的实践表明，CBF 和"情绪疏导"策略不仅帮助家长轻松设定规则，也让孩子在安全、可控的环境中自由地探索，显著增强了孩子的主动性、自主能力和创造力。

在本章接下来的内容中,我们将聚焦于 3~6 岁孩子最常见的日常行为、情绪管理和人际交往三大挑战。我们将用一个个真实的家庭案例,详细拆解在不同场景下,如何灵活运用 CBF 与"情绪疏导"策略。

让我们一起,为孩子的小小世界,建立起爱与规则并存的健康生态。

一 日常行为与习惯养成

01 孩子总找理由不去幼儿园,我该怎么办?

场景复现

很多家长都会遇到这样的困惑:孩子每天早上总会编出各种理由——"我肚子疼""我头晕""我嗓子不舒服",甚至直接哭闹、发脾气,拒绝去幼儿园。家长无论是温柔劝导还是严厉批评,都收效甚微。这种情形让家长束手无策,既怕孩子真的生病,又担心一再妥协,会让他养成逃避的坏习惯。

心理学透视

孩子拒绝去幼儿园的现象背后,通常隐藏着两种可能的原因。

一是适应不良的"真实困境":幼儿园环境本身可能出现了问题,比如孩子被孤立、与老师沟通不畅,或在集体活动中感到受挫,导致他们产生强烈的抗拒心理。

二是趋利避害的"策略性行为":孩子可能只是单纯为了逃避责任、寻求更舒适的家庭环境,而刻意使用"装病"等方法。

因此,家长在面对这个问题时,首要任务不是急于"处理",而是进行更细致的观察与判断,弄清孩子行为背后的真正动因,而不是盲目妥协或强硬处理。

真实案例: 孩子"装病"背后的真实隐情

陈陈(化名)回忆起自己读幼儿园时的经历:她每天早上都会对妈妈说"胃疼、不舒服",以此逃避去幼儿园。妈妈多次带她去医院检查,却没有发现任何实质性的疾病,最终只得每天中午亲自给她送饭,持续了整个幼儿园时期。

多年后,陈陈才向心理咨询师吐露真相:她从小就被老师特别照顾,其他小朋友觉得不公平,于是孤立她,不愿意跟她一起吃饭、玩耍。她当时觉得被孤立是自己的错,因此羞于告诉家长,只能通过装病来逃避这种孤独和尴尬的处境。

这个案例提醒我们,3~6岁孩子的内心世界比想象中更复杂。他们往往难以明确表达自己的真实感受,也容易将外部的排斥与孤立归咎于自己,陷入自责与逃避的恶性循环。因此,家长在面对孩子拒绝去幼儿园的问题时,首先应该细心观察,弄清楚背后的真正原因,而不是简单地认为孩子是"厌学"或"任性"。

解决方法: 三步走

想要真正有效地处理这个问题,家长需要了解真实的原因,建立清晰的规则,同时要避免情绪对抗。以下三步能够帮助家长逐步解决这个问题。

第一步：深入了解，探寻孩子抗拒的真正原因

家长可以通过以下两个方法来了解孩子抗拒的原因：

- 情绪日记观察法

连续几天记录孩子抗拒上学时的具体表现和他说的理由，并主动和幼儿园老师沟通，了解孩子在园内的真实状态，看看是否存在被孤立、受挫或其他不愉快的经历。

- 同理心沟通技巧

当孩子表示不想去幼儿园时，不要立即否定或批评。可以蹲下来，温柔地看着他问："宝贝，你是不是在幼儿园遇到了什么不开心的事情呀？"先共情，再探寻，引导孩子逐步表达自己的真实感受，挖掘问题的根源。

第二步：明确规则，温和而坚定地传递责任

如果经过深入了解，排除了孩子在园内遭遇严重问题的可能，那么我们就需要建立规则，让孩子明白上学是他的责任：

- 规则清晰化

明确告诉孩子"上学是你的责任，就像爸爸妈妈每天要去工作一样，这是我们每个人都必须做的事情"。将上学与父母的工作类比，能帮助孩子更好地理解"责任"这个概念。

- "自然后果"体验法

如果孩子试图用"装病"的方式留在家里,家长不要发脾气,而是让他承担最直接的"自然后果"。可以平静地告诉他:"既然生病了,那今天就必须在床上好好休息,不能看电视、不能玩玩具,饭菜也要清淡一些。"用这种方式让孩子认识到,"装病"换来的不是自由,而是更多的限制,从而逐渐减少其逃避行为。

第三步:家园联结,为孩子注入安全感

有时孩子不愿去幼儿园,是因为缺乏足够的安全感。家长可以采取以下做法:

- 渐进式过渡法

如果孩子抗拒情绪非常强烈,可以与老师合作,采取逐步适应的方式。比如,刚开始送孩子去幼儿园时,家长多停留一会儿,然后逐渐缩短陪伴时间,让孩子在可控的节奏中适应新环境,缓解分离焦虑。

- 主动沟通,传递关爱

家长定期与老师沟通孩子的表现,并把这种关心传递给孩子:"妈妈今天和王老师通过电话了,老师说你今天搭的积木特别棒!"让孩子知道,即使他身在幼儿园,也时刻被父母和老师共同关注着,这能极大增强他的安全感与归属感。

第二章 3~6岁：在爱与规则中，守护孩子的主动性与好奇心

随时可用的"家庭工具包"

● "心情脸谱"沟通卡

每天早上用"开心""难过""害怕"等表情卡片与孩子沟通情绪，鼓励他表达今天的心情，并聊聊自己为什么会有这种感觉。这能帮助不善言辞的孩子更轻松地表达内心。

● "今天的小约定"仪式

每天送孩子去幼儿园时，和他做一个放学后的小约定，比如"今天放学后，我们一起读你最喜欢的那本绘本"。这个小小的期待，能成为他一天中积极的心理寄托。

● 10 分钟"特别时光"

每天孩子放学后，固定进行 10 分钟轻松的亲子互动，不谈学习，不讲道理，只是玩耍或聊天，让孩子感受到家庭的温暖，体验到上幼儿园后带来的轻松和奖励感，缓解一天的疲惫和压力。

我们跟踪了 40 个存在类似问题的家庭，实施了三个月的干预后发现：孩子抗拒上幼儿园的频率普遍降低超过 60%；家长与孩子的情绪冲突显著减少；孩子对于上幼儿园的态度逐渐积极，社交能力明显改善。

小结

孩子抗拒去幼儿园，不是一场需要分出胜负的战斗，而是一次需要我们耐心解读的"求助信号"。每一次抗拒行为的背

后，都有孩子未被满足的需求与未被理解的情绪。只有细致观察、耐心沟通，并通过清晰的规则和温和的坚持，我们才能有效地引导孩子融入集体生活，培养健康积极的心理状态。

今日小作业

在孩子放学后，请尝试进行一次"无主题"的 10 分钟"特别时光"。

放下手机和所有家务，全身心地投入，可以是和孩子一起搭积木、画画，或者只是静静地抱着他聊聊天。在这个过程中，忍住所有提问、建议和评价的冲动，纯粹地享受彼此的陪伴。

感受一下，当孩子被完全接纳和关注时，他的状态有什么不同？

02 孩子总不好好吃饭，"饿一顿"真的能治好吗？

场景复现

许多家长在照顾 3~6 岁的孩子时，总会遇到一个令人头疼的难题：孩子不好好吃饭，或者经常挑食。为了让他多吃一口，家长不惜软磨硬泡，甚至追着喂饭，但效果往往不佳。

这时，一些长辈常常会说："孩子不好好吃饭，'饿一顿'就知道厉害了。"这种说法听起来简单直接,但它真的可行吗?"饿"这剂猛药,能从根本上治好孩子吃饭的难题吗?

心理学透视

"饿一顿"的说法,其实是把一个复杂的行为问题,简化成了一个生理需求问题。但心理学和营养学研究都表明,孩子挑食、不好好吃饭的问题,非常复杂,并非通过短期的强制手段就能解决。背后的原因其实很多,比如,有的孩子天生食欲不佳,或者对某些食物的质地、气味特别敏感。而家长的过度焦虑和强迫,反而会激起孩子的抵触心理,让吃饭变成一场"权力斗争"。

因此,要真正解决这个问题,仅仅依靠"饿一顿"是远远不够的。我们需要一套明确、一致且着眼于长期的综合引导策略。关键在于我们如何通过规则和态度,把吃饭的责任和主动权,真正交还给孩子。

真实案例:"饿一顿"的方法到底有没有效果?

以我自己的亲身经历为例,我有一双儿女,他们在吃饭问题上截然不同。女儿从小就是个"小吃货",每顿饭都吃得很香,但儿子天生胃口小,对饭菜总是充满犹豫和抗拒。

每次吃饭时,儿子总要反复确认:"这个好吃吗?""什么味道的?"问了半天,最后可能只吃一小口就说"饱了",有时甚至干脆一句"不饿"就推开饭碗。

最初，我和很多家长一样焦虑，担心他营养跟不上，也试过逼着他多吃。但效果适得其反，他一看到我们催促的眼神，就表现出强烈的抵触，吃饭俨然变成了家庭中的一场"战争"。

后来，我们决定换个方式：不强迫，不责备。他不想吃饭时，我们温和而坚定地告诉他："好的，不吃也没关系，那就等下一顿再吃吧。"

起初，家里的老人对此非常担忧，总怕孩子饿坏了身体，于是会偷偷给他加餐或追着喂。这种不一致的养育方式，反而让孩子的情绪更紧张，抵触更强烈。后来，我们与老人耐心沟通，达成了教育共识，确保全家人统一口径："到点不吃就等下顿，中间没有零食。"坚持了一段时间后，我们发现，儿子吃饭时的紧张感和抵触情绪明显减轻了。

这个案例充分说明，"饿一顿"本身并不是目的，真正起作用的，是父母在面对孩子吃饭问题时那种一致、平和且坚定的态度。只要家长能够保持冷静，不被孩子的情绪绑架，孩子反而会逐渐养成更稳定、更积极的进餐习惯。

解决方法：三步走

想要长期有效地解决孩子吃饭的问题，家长不应停留在简单的"饿一顿"策略上，而是要运用科学、系统的方法，帮助孩子养成良好的饮食习惯。以下三步可以帮助孩子改善吃饭问题。

第二章 3~6岁：在爱与规则中，守护孩子的主动性与好奇心

第一步：态度一致，建立家庭的"规则同盟"

家庭成员间的一致态度非常关键。尤其是祖辈和父母之间，要避免出现"一个唱红脸，一个唱白脸"的情况，否则很容易让孩子感到混乱。这要求家长做到：

- 统一战线

提前与家中老人沟通好，明确全家一致的饮食规则：孩子不好好吃饭时不强迫，但也不给额外的零食，让孩子耐心等待下一顿。

- 管理情绪

父母需避免过度焦虑或责备，用平静而坚定的态度传达规则，让孩子感受到父母在吃饭这件事上，家里的标准是明确而稳定的。

第二步：后果自负，让孩子体验"饿"带来的"自然后果"

"自然后果"法是非常有效的育儿方式，即当孩子不好好吃饭时，我们不批评、不强迫他，而是让他体验真实的"自然后果"：

- 不额外提供零食或加餐

若孩子在饭点不好好吃饭，就明确告诉他："错过了这顿饭，就要等下一顿饭了哦。"这样孩子才能逐渐学会尊重进餐时间，明白自己行为的后果。

- 适当幽默化处理

当孩子闹情绪时,家长可用温和、幽默的语言缓解紧张气氛,比如轻松地告诉孩子:"看来你今天决定尝试一下饿肚子的感觉,那我们就一起体验一下吧!"

第三步: 增加消耗,提高运动量才是治本之策

很多时候,孩子不饿,仅仅是因为他能量消耗得不够。想从根本上提高孩子的食欲,最有效的方法就是增加日常运动量。如何让孩子增加日常运动量呢?可以参考以下做法:

- 规律运动

鼓励孩子参加规律性的运动项目,比如篮球、游泳或户外跑跳。运动后,孩子的胃口自然会变好,进餐也会更积极主动。

- 运动饮食日记

可以与孩子一起简单记录每天的运动和饮食情况,让他直观地看到运动与胃口之间的正向关系,从而更主动地参加运动。

随时可用的"家庭工具包"

- "餐桌公约"卡

和孩子共同制定几条明确的餐桌规则,比如,用餐时不玩玩具,不随意离开餐桌。把规则用文字写在卡片上,贴在餐厅

的墙上,强化规则意识。

● "我是小厨师"计划

每周邀请孩子参与一次食物的准备过程,哪怕只是帮忙洗洗菜、摆摆盘。参与感能极大地激发孩子对食物的好奇心和探索欲,缓解挑食问题。

● "能量消耗"挑战赛

与孩子约定每天或每周的运动目标,如"今天跳绳 200 下"或"周末一起骑行 5 公里",用有趣的方式增加他的运动量。

小结

这一节的目标,是帮助家长更理性、更科学地解决孩子挑食、不好好吃饭的问题。请记住,真正有效的方法并非简单的"饿一顿",而是家庭一致的态度、温和坚定的规则,以及长期坚持运动带来的自然、正向的反馈。只有这样,孩子才能真正养成健康、稳定的饮食习惯。

今日小作业

尝试对孩子进行一次"闭嘴的吃饭陪伴"。

在孩子吃饭时,无论他吃多吃少、是快是慢,都请忍住所有的催促和评论。只是安静地吃饭。如果他饭没吃完,家长也平静地收走碗筷,不做任何评价。

观察一下,当压力消失时,餐桌的氛围以及孩子的状态,会发生怎样的变化?

03 孩子究竟几岁分床睡最合适?

场景复现

"孩子到底多大了必须分床睡?""是不是越早分,孩子越独立?""晚了会不会影响他的性格?"

这恐怕是每个家庭都绕不开的"卧室难题"。许多家长在这个问题上感到焦虑,既担心孩子和自己同睡会影响彼此的睡眠质量,更害怕太晚分床会耽误对孩子独立性格的培养。

心理学透视

事实上,心理学对"分床睡"的建议远比大家想象得更宽松。研究数据显示,在孩子7到14岁之间分床睡都是合适的。这个年龄范围是不是比你想象的大很多?没错,这恰恰说明,分床睡这件事,根本没有一个放之四海而皆准的"最佳年龄",只有最适合你家孩子的"最佳时机"。

真实案例一:"太早分床睡"反而带来焦虑和不安

莉莉(化名)曾经向我做过咨询,她回忆自己小时候一直和外婆住在一起。每天晚上,祖孙俩聊着天,她总能带着甜蜜和安全感沉沉睡去。到了三年级,妈妈以"培养独立性"为由,将她接回家并要求她独自睡觉。

这看似正确的决定,却成了莉莉童年痛苦的开始。她每晚都哭着入睡,反复恳求妈妈:"能不能就陪我一会儿?"妈妈有时会妥协,但大多数时候还是坚持让她自己睡。这种状态持续了整整一年,母女关系也因此变得紧张。

到了四年级,妈妈终于意识到,强迫孩子独睡并不能换来真正的独立,于是开始每晚陪伴她。莉莉回忆起那段时光时满脸幸福:"睡前跟妈妈聊聊天,特别放松,那是我一天中最开心的时光。"后来,莉莉到初中寄宿时,不仅没有出现任何适应不良的情况,反而很快就顺利过渡了。

这个案例告诉我们:童年时期被充分满足带来的安全感,是孩子未来敢于独立的底气。

真实案例二:"高需求"的孩子,分床睡需要更多耐心和技巧

心理学中的"高需求宝宝"对陪伴和安抚的需求远高于一般孩子,他们睡眠浅、易惊醒,一旦醒来发现家长不在身边,就会情绪崩溃。

小杰(化名)妈妈就曾为她"高需求"的儿子伤透了脑筋。小杰从小睡觉就特别难哄,晚上必须妈妈陪着,一旦中途醒来看不到妈妈,就会崩溃大哭,久久不能平复。妈妈因此疲惫不堪,曾在儿子 10 岁时强行让他独自睡,结果孩子哭到喘不过气,甚至引发了夜惊,最后只能再搬回妈妈房间。医生解释,

这类情况可能与孩子的神经发育有关,需要用更温柔、更渐进的方式帮助他过渡。

这个案例提醒我们:对于不同气质的孩子,我们需要有不同的期待和策略。强行分床可能适得其反,耐心地提供陪伴与安全感,才是最智慧的做法。必要时也应寻求专业帮助。

解决方法:三步走

基于心理学的研究和实际经验,我建议家长们采用以下三个步骤,更科学、轻松地帮助孩子实现分床睡。

第一步:观察孩子的情绪与心理状态,尊重孩子的心理节奏

每个孩子个性不同,家长首先要观察孩子的实际需求:

- 观察情绪信号

如果孩子对分床表现出强烈的抗拒、焦虑甚至哭闹,说明他还没准备好,建议暂缓;如果孩子主动表示想尝试独立睡觉,或者对拥有自己的小空间表现出兴趣,那便是分床睡的最佳时机。

- 评估睡眠质量和自理能力

如果孩子能够整夜安稳入睡,较少中途惊醒,说明他已具备基本的安全感,可尝试逐步分床。

第二步：循序渐进的分床策略，先分床，再分房

分床不是一蹴而就的"革命"，而是一场温和的"过渡"。家长可以采用以下三个步骤，帮助孩子实现过渡：

- 同房不同床

可以先在父母自己的房间内给孩子安排一张独立的小床，让孩子逐步适应自己睡觉。这样既给了他独立的空间，又能让他感受到家长在旁边陪伴，从而建立起安全感。

- 逐渐拉开距离

当孩子适应了独立睡觉后，可以慢慢将孩子的小床与大床的距离拉开，让他逐步建立起心理上的独立感。

- 安排独立房间

当孩子对独自睡觉已经适应后，为他准备一个属于他自己的独立房间，避免过渡过于突然，给孩子充足的心理准备时间。

第三步：情感支持，用温暖的仪式感缓解焦虑

当物理距离拉开时，情感的连接反而要更加紧密。这最后一步，恰恰是决定分床能否成功，以及孩子能否在此过程中收获安全感与勇气的关键。以下两个方法，可以帮助孩子建立安全感：

- 睡前沟通时光

睡前是最好的亲子沟通时机，建议家长睡前留出 15~20

分钟,聊聊一天发生的趣事,增进亲密感。这种优质的互动,让孩子更容易接受独立睡觉。

- 建立睡前仪式

如固定的睡前故事、拥抱或晚安仪式,给予孩子充分的安全感,使分床成为一种积极而温暖的成长体验。

随时可用的"家庭工具包"

- 分床日历

和孩子一起制作一个漂亮的"分床日历",记录每天独立睡觉的进步,每成功独立入睡一晚,就贴上一枚小星星。集满一周,可以一起完成一件他期待的小事(如看一场电影、去一次公园),用正向激励激发他的主动性。

- "勇敢小熊"陪伴计划

让孩子自己挑选一件喜欢的毛绒玩具小熊或其他的物件,作为他的"睡眠伙伴"。告诉他:"在你睡着的时候,勇敢的小熊会一直陪着你、保护你。"

小结

这一节的核心,就是帮助家长科学地处理孩子分床睡的问题,避免盲目焦虑或急于求成。请记住,分床睡没有统一的"标准答案",每个孩子的心理发育和情感需求都各不相同。只要家长用心观察,耐心陪伴,分床睡就会成为孩子自然成长的一部分,而非一场焦虑的斗争。

今日小作业

和孩子一起启动一个温暖的"睡前仪式"吧。

它可以是一个固定的拥抱,一句特别的晚安密语,或者是一起轻声哼唱一首摇篮曲。这个仪式的关键不在于形式,而在于坚持和其中蕴含的爱意。

观察一下,这个小小的仪式,是否让睡前的氛围变得更加宁静和甜蜜?这便是为孩子注入内在安全感的开始。

04 为什么一"提问",孩子就"沉默"?

场景复现

不少家长在陪伴 3~6 岁孩子时,都会感到非常困惑:明明想培养孩子的独立思考能力,可每当向孩子提出问题时,他却总是不回应,甚至表现出明显的抵触或逃避。

这种感觉,就像对着一堵墙说话一样,无论你抛出多少问题,孩子似乎都充耳不闻,让人既无奈又焦虑,甚至开始怀疑是不是自己的教育方式出了问题。

心理学透视

这种亲子沟通困境,根源往往不在孩子,而在我们提问的方式上。很多时候，我们的提问是"功利"且带有"预设"的。

根据皮亚杰的认知发展理论，3~6岁的孩子思维正处于"前运算阶段"，他们更多地依赖直觉和具体形象来理解世界，很难处理抽象的逻辑和道理。当家长不断地以"启发式"提问引导孩子思考时，实际上往往是在潜意识里希望孩子能说出那个我们心中早已预设好的"标准答案"。

这种看似在"引导思考"的互动，在孩子感受上却像是：一场考试（他的回答会被评判对错），一种压力（他害怕答错，害怕让父母失望），一次说教（他能感觉到问题背后藏着的教育意图）。

当思考变得不再有趣，而是充满压力时，沉默和逃避就成了孩子最自然的自我保护。

真实案例：过度设问让孩子逐渐"沉默"

家长李先生（化名）就是一个典型的例子。他非常希望通过提问来激发儿子的思考。有一次，他陪儿子在院子里玩篮球时，不断地抛出问题："你觉得篮球为什么能弹起来呢？这是什么原理？""你知道投篮的正确姿势吗？手腕要怎么用力？"

他期望通过这些问题引导孩子独立思考，却发现儿子越来越不愿意回应，甚至开始躲着他，不愿意再和他一起玩球了。

李先生以为是孩子"不爱动脑筋",但真正的原因是:孩子敏锐地感受到了提问背后的教育目的。这些问题并非源于孩子当下的真实兴趣,而是家长试图通过"设问"来控制和教育他。长期下来,孩子不仅对回答问题感到厌烦,更对这种"不纯粹"的亲子互动产生了抵触。

解决方法: 三步走

想要让孩子真正具备独立思考的能力,家长需要重新审视自己的沟通方式,从"设问式教育"转变为"兴趣引导式互动"。以下三个步骤,能有效帮助家长缓解沟通困境,让孩子更愿意主动表达。

第一步: 转变提问方式,从"考官"变为"好奇的伙伴"

很多家长向孩子提问时,心中其实早已有了标准答案,这种"伪提问"容易让孩子失去兴趣,甚至感到压力。有效的方法是:

- 好奇式提问

提问时抱着真正的好奇心,而不是预设答案。例如,当孩子正在搭积木时,家长可以问:"你为什么会想到要这样搭呢?真有趣!"这是在邀请分享,孩子更愿意交流。而如果你问:"你知道积木这样搭的道理吗?"则是暗示有标准答案,孩子容易产生抗拒。

- 探索式交流

当和孩子一起面对未知的问题时,家长要敢于以"我也不知道"的姿态,和孩子一起探索问题的答案。这种方式能激发孩子主动探索与表达的欲望,而非被动接受成人既定的结论。

第二步:适当唤醒自己内在的"孩童",与孩子成为真正的"玩伴"

心理学上认为,每个人内心都有"儿童自我状态",健康的亲子互动需要家长主动调动这种状态,与孩子真正成为"玩伴",而不是"教育者":

- 5分钟玩耍时光

每天至少拿出5分钟与孩子"纯粹地玩"。在这段时间里,不带有任何教育目的,也不提任何带有学习目的的问题,全身心陪伴,让孩子感受到你的陪伴是真诚、轻松和愉悦的。

- 运用"真实反馈"

在互动中,真实表达自己的情绪。当孩子的表现让你高兴时,告诉他:"和你一起玩我真开心!"当你不开心时,也要温和地指出:"你这样做让我觉得不舒服了。"这种真实反馈能增强孩子的社交敏感度,理解人际交往的边界,促进亲子间产生真正的情感连接。

第二章 3~6岁：在爱与规则中，守护孩子的主动性与好奇心

第三步：建立合理的清晰的边界，在安全感中放心探索

过多的提问，有时也是一种变相的干涉。当我们为孩子设立了清晰、稳定的边界后，就要学会在边界内放手，给予他充分的自主空间。家长可以这么做：

- 划定"安全探索区"

和孩子共同制定3~5条清晰明确的家庭底线（如：不能伤害自己或他人、不能故意损坏公共财物、不拿不属于自己的东西）。

- 兴趣引导

当孩子遇到困难时，可以鼓励孩子自己寻找解决方法，而非直接给出标准答案或纠正。例如，你可以启发性地说："你觉得可以怎么解决？我们一起想一想吧。"而非立刻给出自己心中的标准答案。

随时可用的"家庭工具包"

- 好奇心宝盒

准备一个盒子，每周和孩子一起把好奇的事物写在纸条上放进去，比如："为什么天空是蓝色的？""蚂蚁怎么找到回家的路？"周末一起打开盒子，共同寻找答案。

- 10 分钟自由探索时光

每天给孩子至少 10 分钟完全自主的探索空间,不打扰、不提问,尊重孩子的自由、意愿与兴趣,激发他自主探索的动力。

小结

这一节的目标,是帮助我们摆脱"设问式教育"的误区,让亲子沟通真正成为促进孩子成长的助力,而非压力。请记住,真正的独立思考,不是孩子能完美地回答我们的问题,而是在自由、放松和安全的氛围中,让孩子敢于探索、敢于表达、敢于犯错。

今日小作业

请尝试进行一次"非功利性"的陪伴。

选择一个孩子正在玩耍的场景,比如他在看绘本、搭积木或玩沙子。请你在旁边安静地陪伴 5 分钟,在此期间,给自己定一个规则:不问问题。只是看,只是感受,只是享受和他待在一起的时刻。

二 情绪管理与性格塑造

01 孩子动不动就撒泼打滚,如何应对他的"情绪小怪兽"?

场景复现

相信很多家长都经历过这样的"崩溃"瞬间:在超市里,孩子因为一个想买的玩具得不到满足,就地躺下,哭闹打滚;在家里,因为一点小事不顺心,就大发雷霆。这种"撒泼打滚"的行为,像一场突如其来的情绪风暴,让家长在公共场合感到尴尬,在家里感到精疲力尽,无论是劝哄还是训斥,似乎都无法让这只"情绪小怪兽"平静下来。

心理学透视

从心理学的视角看,孩子这种行为并非故意"耍无赖",而是 3~6 岁儿童情绪发展的一个典型特征。这个阶段的孩子,大脑中负责情绪调节的"刹车系统"(前额叶皮层)尚未发育成熟,因此他们很容易被情绪"劫持"。

此时,他们的撒泼打滚,其实是在用最原始、最激烈的方式传递两个信号:

"我的需求没被满足!"——无论是物质上的玩具,还是心理上对胜利的渴望。

"规则的边界在哪里?"——他们正通过挑战父母的底线,来确认这个世界的规则。

如果家长不能读懂这场情绪风暴背后的信号,只是简单地用自己的情绪去对抗孩子的情绪,就很容易陷入"越管越糟"的恶性循环。

真实案例:撒泼打滚背后的心理需求究竟是什么?

我朋友的女儿小雅(化名),就是一个典型的例子。有一次,我们在她家玩扑克牌游戏,眼看小雅即将赢得比赛,她却无意中违反了游戏规则,导致她的胜利被判无效。

就在那一瞬间,小雅突然崩溃,倒在地上大哭大闹,怎么劝都没用。家长感到既尴尬又无助,无论是严厉制止还是温柔哄劝,都徒劳无功。

这只"情绪小怪兽"的背后,藏着小雅什么样的心理需求呢?

一是无法承受失败的挫败感。对她而言,胜利近在咫尺却突然失去,这种巨大的失落感超出了她当时的情绪承受能力。

二是通过情绪爆发来操控局面。她的潜意识里希望,哭闹能让大人们让步,从而恢复她理想中的胜利局面。

此时,家长的反应至关重要。如果妥协,她便会学会"用哭闹可以达成目的";如果用更激烈的情绪去压制,则会引发更大的冲突,伤害亲子关系。

解决方法:三步走

面对孩子撒泼打滚的状况,家长需要调整策略,以下三步可以帮助家长有效地化解问题,同时帮助孩子树立规则意识与自主调节情绪的能力。

第一步:稳住自己,不被孩子的"情绪风暴"卷走

当孩子的"情绪小怪兽"出现时,我们首先要稳住自己的阵脚。用情绪对抗情绪,只会火上浇油。因此,家长需要:

- 快速冷静

在回应孩子前,先在心里默数三秒,做一次深呼吸。这个短暂的暂停,能帮助我们与孩子的情绪"解绑",避免被他的激烈情绪带着走。

- 摆脱"面子焦虑"

在公众场合,很多家长会因为面子而感到羞愧或愤怒。这时请提醒自己:"孩子的行为不等于我的失败,他只是在用自己的方式学习成长。"放下对他人眼光的焦虑,我们才能更冷静地处理问题。

第二步：接纳情绪，给"小怪兽"一个安全释放的空间

当孩子正在情绪的顶峰时，任何讲道理都是徒劳的。我们需要先接纳孩子的情绪，而不是急于纠正他的行为。以下两个方法可以帮助孩子冷静下来：

- 温和地等待

暂时不去过度干预他的情绪，在确保安全的前提下，允许他哭闹一会儿。可以平静地陪在他身边，告诉他："妈妈知道你现在很难过/很生气，我在这里陪着你。"

- 提出"转移性问题"

当孩子哭声渐弱，情绪稍有缓和时，用一个简单、明确的选择题来帮助他的理性思维"重新上线"。例如："你现在是想在这里再待一会儿，还是我们先去喝口水？"这个从情绪转向思考的过程，是帮助他平静下来的关键一步。

第三步：明确规则，在爱中设立清晰的边界

情绪被接纳后，我们就要开始传递规则了。这需要我们既坚定，又灵活。我们可以这样引导孩子：

- 体验"自然后果"

如果孩子因为无理要求而哭闹（比如在超市买某个昂贵的玩具），我们可以温和而坚定地拒绝，并让他体验"自然后果"。比如："我们今天没有买这个玩具的计划。你可以继续

在这里哭,但哭完我们还是要回家的。"让他明白,哭闹并不能改变这件事。

- 给予"台阶式"引导

当孩子陷入僵局时,主动给他一个合理的"台阶"。例如,对于案例中的小雅,可以这样说:"我知道你很想赢,但刚刚确实违反规则了。不过,妈妈看到你前面玩得那么棒,我们再来一局,你愿意吗?"这既坚持了规则,又给了孩子一个体面走出情绪困境的路径。

- 事后"复盘"

等孩子完全平静后,再找个轻松的时刻聊聊发生的事:"你刚刚因为输了比赛特别生气,妈妈能理解。你觉得,下次再遇到类似的情况,除了哭闹,我们还有没有更好的办法呢?"

随时可用的"家庭工具包"

- 情绪冷静角

在家中设置一个舒适、安静的角落(可以放一些柔软的抱枕、绘本),当孩子感到情绪激动时,可以引导他去那里"冷静一下"。这能帮助他逐渐学会自我安抚。

- 情绪表情卡

和孩子一起制作"开心""生气""难过""害怕"等不同的表情卡片,并讨论每种情绪出现时可以做什么。比如,"生气的时候,可以去打枕头或者深呼吸"。

- "如果……那么……"情景预演

提前和孩子约定好在某些场合的规则。比如去超市前说好:"我们今天只买清单上的东西。如果你看到想买的,可以先记下来,等下次有计划时再买。"

小结

这一节的目标,是帮助家长在面对孩子情绪问题时,找到理性有效的应对方法。请记住,撒泼打滚不是孩子故意对抗,而是他在用尽全力探索世界的规则和表达自己的需求。家长只要能稳定情绪,接纳感受,明确界限并灵活引导,就能陪伴孩子顺利度过这个情绪敏感的成长阶段。

今日小作业

和孩子一起创建一个"情绪冷静角"吧!

找一个家里的安静角落,和他一起布置,放上他喜欢的抱枕、一本安静的绘本,或者一个可以捏的解压玩具。并给这个角落起一个有趣的名字,比如"能量加油站"或"心情小屋"。

告诉他:"以后无论谁(包括爸爸妈妈)感到很生气或难过的时候,都可以来这里待一会儿,让自己平静下来。"这个小小的空间,将成为你们全家学习情绪管理的第一个实践基地。

02　别再说"多大点事儿",如何安抚因小事崩溃的孩子?

场景复现

很多家长都会遇到这样的烦恼:孩子经常因为一些在我们看来微不足道的小事,比如作业本上的字写得不漂亮、早晨的袜子穿不上,就瞬间情绪失控,大哭大闹,完全无法沟通。

我们常会下意识地劝慰:"多大点事儿,至于吗?"可无论怎样安慰、讲道理,孩子都听不进去。

心理学透视

这种崩溃,更多源于孩子内在的挫败感和生理发育的局限。

心理学研究指出,这种现象与孩子的神经发育特征密切相关。3~6岁的孩子大脑发育尚未成熟,容易出现"杏仁核劫持"现象——即当孩子遇到压力或挫折时,大脑中负责情绪反应的"警报器"(杏仁核)会迅速被激活,而负责理性思考的"指挥官"(前额叶)则会暂时"掉线"。

在这种状态下,孩子并非"无理取闹",而是真的失去了理性思考的能力。此时,家长若试图用讲道理或批评来控制孩子,反而会进一步刺激杏仁核,让孩子的情绪更难平复。

真实案例:"杏仁核劫持"如何让孩子一秒崩溃?

一位妈妈向我分享过这样的经历:她的女儿琪琪(化名)在写作业时,总觉得自己的字不够漂亮,不断地反复擦写。在本子被擦破的那一刻,她彻底失控,趴在桌上哭闹不止。

琪琪妈妈此时心急如焚,试图用道理规劝她:"有哭的时间,作业早就写完了!"但这句话根本没有任何作用。类似的情景还包括琪琪早晨穿不上袜子,就因为担心迟到而急得大哭大闹。无论家长怎么安慰或催促,她的情绪都越发激烈,双方都陷入了更深的焦虑。

其实,在这些瞬间,琪琪的大脑已经被"杏仁核劫持"了。她无法用理性的思维处理眼前的困难,家长的催促和讲道理,在她听来都变成了加剧焦虑的噪音。

解决方法:三步走

面对孩子在小事上大哭大闹的问题,家长需要掌握科学的引导方法,帮助孩子逐渐学会用平静、理性的方式应对挫折与挑战。以下三步法则能帮助家长实现这一目标。

第一步:共情感受,帮情绪"软着陆"

当孩子情绪失控时,我们首先要做的不是解决问题,而是接纳情绪。我们可以采用以下两个方式来与孩子沟通:

- 共情的语言

用共情的语言代替"多大点事儿",比如,我们可以说:"这个字反复写不好,感觉很沮丧,对吗?"或者"袜子穿不上,心里很着急吧?"先说出孩子的感受,让他觉得被理解。

- 非语言式的安抚

一个轻柔的拥抱、一次温柔的抚摸,或者只是安静地坐在他身边,这些肢体语言传递的接纳和支持,比任何话语都更有力量。当孩子情绪失控时,家长首先需要提醒自己"不要用情绪对抗情绪"。家长若能保持冷静,就能更有效地缓解孩子的情绪。

第二步: 转移注意力,迅速缓解"杏仁核劫持"状态

在情绪失控的时刻,孩子很难通过讲道理平静下来,家长需要用巧妙的方式引导孩子从情绪的陷阱中走出来:

- 先释放情绪,再转移注意力

允许孩子先稍微释放情绪(例如哭一两分钟),然后及时转移注意力,如温柔地问他:"哭了这么久肯定渴了吧,我去给你倒杯水好吗?"此时孩子的注意力从情绪转移到具体的行动上,更容易走出情绪陷阱。

- 保持冷静的态度

当孩子稍微冷静后,家长以温和、坚定且冷静的语气帮助孩子完成眼前困难任务,比如穿袜子:"袜子有点乱了,我帮你

整理一下吧,然后你再试试看?"家长的冷静态度可以有效地传递给孩子,迅速降低孩子情绪激烈程度。

第三步：事后复盘,帮孩子积累"抗挫工具"

当孩子完全恢复冷静后,我们可以找个轻松的氛围,与他共同复盘情绪失控的情景,引导孩子思考如何避免未来有类似问题再次发生：

- 情绪分析

平静地与孩子探讨："昨天你因为写不好字大哭,你还记得当时心里是什么感觉吗？是不是觉得自己不够好？"帮助孩子认识并表达自己的情绪。

- "方法库"共建

和孩子一起讨论："下次再遇到写不好字或者做不成事情的时候,除了哭,我们还有没有别的好办法？"可以一起制作一个"冷静小超人"工具箱,里面放上"深呼吸三次""喝口水走一走""找妈妈抱一抱"等小卡片,让他学会主动求助和自我调节。

随时可用的"家庭工具包"

- "问题分解"便利贴

当孩子面对一个看似困难的任务时,和他一起用便利贴把任务拆解成 3~4 个小步骤,每完成一步就撕掉一张。这种可视化的进度能极大地降低孩子的畏难情绪。

- "我的情绪"词典

和孩子一起制作一本属于他的情绪词典,用图画和词语描述各种感受(如:沮丧、着急、失望、委屈)。这能帮助他更准确地表达情绪,而不是只会用"哭"来概括一切。

- "再试一次"鼓励卡

制作几张小卡片,写上:"没关系,再试一次!""失败是成功的一部分!""你已经很努力了!"当孩子遇到挫折时,让他自己抽一张,给予自己力量。

小结

孩子因小事崩溃,其本质并非"玻璃心"或"无理取闹",而是内在的挫败感超出了他当下的承受能力。家长的任务,不是批评他的脆弱,而是成为他的支持者,陪他一起面对困难,引导他拆解问题,并最终帮助他建立起属于自己的、应对挫折的内在力量。

今日小作业

和孩子一起制作一个"抗挫败工具箱"吧!

找一个漂亮的小盒子,和他一起讨论,当遇到困难、感到沮丧时,有哪些方法可以帮助自己?比如:

深呼吸三次;

抱一抱最喜欢的玩偶;

听一首开心的歌;

向爸爸妈妈求助……

把这些方法写或画在小纸条上,放进盒子里。告诉他,这是他的"能量宝盒",下次遇到困难时,可以随时打开它获得力量。

03 孩子总爱哭,开不起玩笑,家长该如何正确应对?

场景复现

"为什么我家孩子总爱哭,一点小玩笑都开不起?"

"明明是善意的玩笑,他却当真了,情绪特别激动,弄得我也很尴尬。"

很多家长都曾面对这样的困惑。我们以为的幽默,到了孩子那里却变成了伤害,这让我们不禁怀疑:是孩子太"玻璃心",还是我们的沟通方式出了问题?

心理学透视

这种现象在3~6岁的孩子中非常普遍,其根源并非孩子"脆弱",而是他们的认知发展特点和天生气质共同作用的结果。

心理学家皮亚杰告诉我们,这个年龄段的孩子认知能力尚处在具体形象思维阶段。他们的大脑还无法理解语言背后的幽默、反讽或双关含义，只能简单地从字面意思去接收信息。所以，当我们随口说一句"你真笨"或"你是从垃圾桶里捡来的"时，孩子是真的以为我们在批评他、抛弃他，内心会感到非常难过。

另外，有些孩子天生就是"高敏感"人群。就像有的孩子天生饭量大，有的孩子天生觉少一样，敏感也是一种与生俱来的气质特点。这类孩子对外界信息的感知更细腻，能敏锐地捕捉到他人语气、表情的微小变化。因此，一句在成人看来无伤大雅的玩笑，也很容易在他们心中激起涟漪。

真实案例：一句玩笑话引发的"家庭大战"

记得我女儿三岁多的时候，有一次我们家讨论换掉自行车上的宝宝椅，因为她长大了，原来的椅子有点挤。我先生开玩笑地说："看我们女儿这小粗腿，不换不行了！"其实他真正的意思是女儿肉嘟嘟的，很可爱。

但没想到，女儿听到后非常生气。她憋了很久，后来竟冲着爸爸说："你不要跟我说话，你才是丑八怪！"

当时我们非常惊讶，后来才意识到，孩子是当真了。她以为爸爸在批评她、嘲笑她，感到很受伤，所以才用"丑八怪"来回击。这件事让我深刻认识到，在孩子的世界里，话语没有那么多拐弯抹角的含义，说什么就是什么。

解决方法：三步走

当我们意识到孩子确实容易当真、情绪敏感时,需要更有策略地进行引导,逐步培养他对复杂语言的理解能力和内在的心理弹性。以下三步可以帮助家长进行引导。

第一步：调整沟通方式,减少玩笑,避免"认知误伤"

在孩子认知能力尚未成熟的时期,最直接有效的方法就是调整我们自己的语言:

- 语言要明确、积极

在与孩子交流时,多使用具体、清晰、正向的表达。想夸奖就直接说"你搭的这个积木很有创意",而不是用反话或调侃的方式。

- 及时安抚

如果无意中开了玩笑而孩子明显当真了,应立刻真诚地说明:"对不起,爸爸/妈妈刚刚是开玩笑的,不是真的在说你。在我心里,你是最可爱的。"及时的澄清,能迅速化解孩子心中的疑虑和对他的伤害。

第二步：言传身教,示范如何幽默地回应玩笑和批评

随着孩子年龄的增长,我们可以逐步通过言传身教的方

式,教孩子如何用更轻松、更积极的态度面对玩笑和批评:

- 家庭幽默示范

家长之间可以偶尔在孩子面前开一些无伤大雅的玩笑。例如,互相调侃一下:"你今天发型像个鸟窝!"然后用开心、轻松的态度回应。让孩子在观察中明白,原来"玩笑"也可以是亲密关系的润滑剂。

- 拿自己"开涮"

家长可以主动分享自己的一些"糗事",并用自嘲的方式化解。比如,有一次我在朋友圈发了一张吃西瓜的搞笑照片,女儿很惊讶:"妈妈你怎么发这么难看的照片?"我借机告诉她:"哈哈,人都有很多面嘛,偶尔展示一下不好看的一面没关系呀!朋友们看到了,反而会觉得我更真实、更可爱呢!"

第三步: 认知升级,帮孩子建立"评价过滤系统"

当孩子逐渐能理解一些抽象概念时(通常在小学中高年级以后),我们可以与他一起深入探讨,如何理性看待他人的评价。

- 区分"事实"与"观点"

帮助孩子理解,"你今天穿了件蓝色的衣服"是事实,而"你穿这件蓝色的衣服真难看"只是观点。观点不等于事实,我们可以选择不接受别人的观点。

- 辩证分析

引导孩子逐步思考:"别人说的话,是在批评我的行为,还是在否定我这个人? 这个批评是真实的吗? 如果是真实的,我需要马上改,还是可以慢慢调整?"通过这样的思考练习,孩子就能逐渐建立起自己的"评价过滤系统",不再轻易被外界的言语所伤害。

随时可用的"家庭工具包"

- "这是事实,还是观点?"小游戏

在日常生活中和孩子玩这个游戏。比如看到一辆车,问:"这是一辆红色的车(事实),还是这是一辆很酷的车(观点)?"在游戏中强化孩子的批判性思维。

- "玩笑接收器"练习

定期开展家庭小游戏,每人轮流用温柔、善意的方式讲个小笑话,然后大家一起讨论:"这个玩笑让你感觉怎么样? 是开心还是不舒服?"逐渐提高孩子对不同玩笑的辨识度和接受度。

- 制作"情绪盾牌"

和孩子一起制作一个想象中的"情绪盾牌"。当听到不喜欢的话时,可以想象自己举起了盾牌,把那些伤人的话语挡在外面。这个心理暗示能有效提升孩子的内在力量。

小结

孩子"开不起玩笑"、情绪敏感,并非性格缺陷,而是认知发展的必经阶段。家长的任务,不是给他贴上"玻璃心"的标签,而是要用耐心和智慧,为他提供一个安全的语言环境,示范一种幽默的生活态度,并最终帮助他建立起强大的内心过滤系统。

今日小作业

请拿自己开"一个小玩笑",并展示给孩子看。

比如,当家长不小心打翻了水杯,可以笑着说:"哎呀,我今天真是个小笨蛋!"或者,做饭时盐放多了,可以调侃道:"看来我今天想请大家吃顿'咸'情大餐呀!"

让孩子看到,原来犯错和不完美,也可以用轻松、幽默的方式来面对。这比任何说教都更能教会他什么是真正的强大。

04 我家孩子明明是男孩,但胆子特别小,我该怎么办?

场景复现

"田老师,我的孩子明明是个男孩,但胆子特别小,让他做一点新鲜的事情就紧张害怕,我该怎么办?"

这个问题背后,其实隐藏着我们对性别角色的刻板期待。

我其实对此特别有感触,因为我自己家里就有一双儿女,可他们两个都属于特别谨慎、胆小的类型,做任何新鲜的事情都会犹豫半天。这恰恰说明,孩子胆子的大小,与性别无关,而是一种与生俱来的气质特点。

我自己就不是个谨慎的人,经常磕磕碰碰,有时胳膊腿上有淤青都不知道怎么来的。但我两个孩子特别像他们爸爸,非常谨慎小心。比如我们一家去河边玩,我从来不用担心他们会掉水里,反而是孩子们会紧紧地拉住我:"妈妈你小心一点,别过去,很危险!"我常常觉得,他们比我还谨慎得多!

心理学透视

我们需要打破一个常见的误区:谨慎胆小是一种"缺点"。很多家长,尤其是男孩的家长,会因此感到困扰,认为孩子不够"勇敢"。但心理学告诉我们,"谨慎"和"胆小"只是同一枚硬币的两面。

从气质类型上来说,这类孩子往往属于"慢热型"或"高敏感型"。他们天生对新环境、新刺激的反应更强烈,需要更多的时间来观察和适应。

我们要重新定义"勇敢"。真正的勇敢,并不是"不害怕",而是"带着恐惧,依然前行"。因此,我们的任务不是要"消灭"孩子的谨慎,而是要为他提供足够的安全感,帮助他在安全区内,一点点地、勇敢地向外探索。

第二章 3~6岁：在爱与规则中，守护孩子的主动性与好奇心

真实案例：徒步路上的"勇敢"练习

我儿子就是个非常谨慎胆小的孩子。每次带他去徒步，他总是很紧张："路上会不会有蛇？会不会有虫子？路边那个坑我会不会掉下去？"他常常一路走一路哭，非常焦虑和不安。

但我并没有因为他害怕而责备他，反而告诉他："妈妈知道你害怕。但你愿意把自己的恐惧告诉我，这本身就是一件非常勇敢的事！"我鼓励他把害怕的情绪表达出来，因为情绪只有被看见、被释放，才不会持续困扰他。

然后，我耐心地陪着他，一步一步地走下去。虽然中途他仍会有畏难情绪甚至哭闹，但当他最终走完这段路之后，他特别开心地对我说："妈妈，我居然做到了！刚才我还以为自己要死了！"

这样一次次的尝试，让他逐渐意识到："原来我以为的危险，并没有那么可怕，我其实能够掌控。"这份通过亲身经历换来的掌控感，是建立自信最坚实的基石。

解决方法：三步走

面对谨慎胆小的孩子，我们可以用以下三步，温和而有效地帮助他们。

第一步：接纳情绪，允许孩子"害怕"

当孩子感到害怕时，家长首先要做的，是无条件地接纳他

的情绪,而不是批评或否定。以下两个要点可以帮助你接纳孩子的情绪:

- 认可孩子的情绪

当孩子说"我害怕"时,不要说"这有什么好怕的",而是要告诉他:"我知道你现在感觉很害怕。谢谢你愿意告诉我你的感觉,这很勇敢。"

- 避免压抑情绪

如果我们不断对孩子说"别怕",他慢慢地,会变得开始压抑自己的真实感受。情绪一旦被压抑,可能会以更激烈的方式(如情绪崩溃)或更隐蔽的方式(如身体不适)表现出来。

第二步:拓宽边界,逐步拓宽孩子的"舒适圈"

孩子之所以"胆小",往往是因为我们要求他做的事,超出了他当下的"舒适圈"。最好的方法不是强行把他推出去,而是成为他的支持者,陪他一起,一点点地向外拓展。具体的方法如下:

- 家长带头示范

希望孩子在课堂上勇敢发言,家长可以先在家庭聚会或朋友面前自信地表达自己的观点,为孩子树立榜样。

- 陪伴式探索

孩子害怕游泳时,不要只是把他交给教练,家长可以自己先陪着他下水、玩水,让他感到足够安全后,再慢慢过渡到学习阶段。

第三步：创造掌控感，让孩子认识到"我能行"

要让谨慎的孩子变得勇敢，最核心的是要创造机会，让他们反复体验到"我可以通过努力掌控局面"的感觉。家长可以尝试以下两种做法：

- 有计划地组织"微挑战"

带孩子去短途徒步、攀岩体验或骑行。一开始他可能会焦虑，但只要我们耐心陪伴和鼓励，当他一次次战胜内心的恐惧后，自信心就会慢慢建立起来。

- 记录"成功时刻"

每次完成挑战后，及时和孩子一起回顾："你看，你做到了！原来你比自己想象得更强大！"通过这样的正向反馈，孩子的自我效能感会逐渐增强。要让谨慎的孩子勇敢起来，需要创造机会让他们认识到"我能行"。

随时可用的"家庭工具包"

- "我的勇敢"日记

准备一个专门的日记本，记录孩子每次成功克服恐惧的经历，哪怕只是"今天我敢自己去跟邻居打招呼了"。定期回顾，让他看到自己的进步。

- "舒适圈"拓展计划表

和孩子一起制定一个计划,每个月或每个假期带孩子去做一些稍微超出舒适区但又力所能及的事,比如短途徒步或学做一道新菜。

- "情绪信号灯"卡片

在家中制作几张有颜色的情绪表达卡片(红色代表"我现在很害怕,想停一下",绿色代表"我准备好了,可以继续了"),让孩子在面对挑战时,可以用卡片来表达自己的状态。

小结

这一节的核心,是帮助家长重新理解"勇敢"和"胆小"。请不要把谨慎、胆小看作是孩子的缺陷,而是一种正常的气质特点。只要我们耐心陪伴、科学引导,孩子就能逐步突破自我局限,成长为内心真正强大、勇敢的人。

今日小作业

请和孩子一起制定一次小小的"舒适圈"拓展计划吧!这个计划不必宏大,可以只是"周末去探索一个没去过的公园""学做一道新菜"……

让孩子感受成长带来的自信与勇敢吧!

三 人际交往与社会性发展

01 孩子被欺负了,我该教他"打回去"吗?

场景复现

"孩子从学校回来,哭着说被人欺负了,我到底该不该教他打回去?"

这恐怕是所有家长非常棘手的问题之一。当听到孩子受了委屈,我们的第一反应往往是情绪"上头",然后可能出现两种本能的回应。

一种是很愤怒:"凭什么我家孩子被欺负?赶紧教他打回去!"另一种反而会责备孩子:"你是不是又淘气惹人家了?"

然而,在那个当下,这两种充满情绪的回应,可能都不是最合适的方式。

心理学透视

在讨论"打不打回去"之前,我们首先需要理解,在孩子的世界里,冲突的性质是不同的。并非所有的肢体接触都叫"欺负"。心理学上,我们可以大致将其分为以下三类:

- 游戏式打闹

孩子们在追逐、玩耍中无意发生的推搡、碰撞,没有恶意,通常伴随着笑声,情绪是积极的。

- 偶发性冲突

因玩具、规则等产生的暂时性矛盾,可能会有短暂的生气、推搡,但冲突过后关系能很快修复。

- 恶意欺凌

这是指一方或多方,在力量不平等的情况下,蓄意、反复地对另一方进行身体、言语或关系上的伤害。这是一种权力滥用,绝非简单的"孩子间打闹"。

我们作为家长的首要任务,是冷静下来,先搞清楚孩子遭遇的到底是哪一种情况。如果我们不分青红皂白就直接教孩子"打回去",可能会让孩子混淆社交边界,将正常的玩闹也视为敌意,变得过度防备或充满攻击性。而如果我们一味要求孩子"反思自己",则可能让他陷入自我怀疑,压抑委屈,甚至在遭遇真正的欺凌时也不敢求助。

真实案例:"冷静一下再回应"才是最好的处理方法

有一次,我儿子放学回家,闷闷不乐地告诉我:"妈妈,有人打我了!"

那一瞬间,我也情绪上头,非常愤怒:"我的孩子怎么能被

第二章 3~6岁：在爱与规则中，守护孩子的主动性与好奇心

人欺负？"

但我突然想起之前看过的一个综艺节目，演员霍思燕也分享过类似的经历。她的儿子嗯哼回家告诉妈妈"有人打我了"，霍思燕的第一反应也是非常生气，差点脱口而出"打回去"，但她强迫自己冷静下来，先耐心地询问了事情的经过。后来她发现，那其实只是孩子们在玩闹时的无意碰撞，孩子自己很快就处理好了。

受到这个案例的启发，我也按捺住情绪，坐下来，认真地问儿子当时的情况。结果发现，确实只是他和同学之间因为一个游戏产生的小矛盾，两人互推了一下，他们自己很快又和好了。

这个经历让我深刻地认识到，在孩子向我们发出"求助信号"时，我们的冷静和理性的判断，远比情绪化的指令更重要。

解决方法：三步走

如果经过了解，你发现孩子确实遭遇了恶意的、反复的欺负甚至是霸凌。这时候，我们不仅不能袖手旁观，还必须教会孩子一套明确、具体的应对方法。家长可以参考以下三步。

第一步：传递底线，被欺负时绝对不要默默忍受

大量的心理学研究表明，长期被欺负并选择隐忍的孩子，成年后更容易出现抑郁、焦虑等心理问题。因此，我们必须明确地告诉孩子，如果真的被欺负，可以这样做：

- 第一次被欺负时,要明确警告

看着对方的眼睛,大声而坚定地说:"住手!我不喜欢你这样对我!"

- 第二次再发生,要升级警告并求助

严肃地制止对方,并立刻告诉老师。要让孩子知道:"你可以大声说:'你干什么?为什么要这样做?报告老师,他欺负我!'"告诉孩子别怕,父母一定会坚定地站在他这边。即使是在上课,如有必要,也应大声制止。

- 如果警告和求助都无效,发生了第三次

必须明确告诉孩子:"在保证自己安全的前提下,你可以全力反击,爸爸妈妈一定会支持你。"

明确的步骤能让孩子感到安全,避免因不清楚具体做法而产生新的焦虑和困惑。

第二步: 日常训练,建立强大的"心理边界"

除了临场应对,我们平时更要有意识地帮助孩子建立起清晰的个人边界感。我们应该告诉孩子:

- 互助要平等

鼓励孩子乐于助人,但也要告诉他:"帮助是相互的。如果一段关系里,永远只有你在付出和退让,那就要重新考虑这段友谊了。"

第二章 3~6岁：在爱与规则中，守护孩子的主动性与好奇心

- 拒绝伤害性玩笑

如果有人开的玩笑让他不舒服，要教他立即严肃地表达："我不喜欢你开这种玩笑，请你停止。"让他明白，捍卫自己的感受，不是"开不起玩笑"。

- 别掉进"自证陷阱"

教孩子，如果有人恶意攻击他（比如骂他是"笨蛋"），不需要急着去证明自己不是。可以反问对方："你为什么这么说？请你拿出证据来。"把举证的责任还给对方。

第三步：家庭支持，培养孩子自由表达情绪的习惯

我们发现，那些容易成为被欺凌对象的孩子，通常是情绪表达被压抑的孩子。因此，在家庭中，家长应该：

- 鼓励孩子表达所有情绪

当孩子表现出生气、不满，甚至顶嘴时，不要急着指责或打压："你怎么这么倔？""不许顶嘴！"长此以往，孩子会习惯于压抑自己，在外面也自然成了"好欺负"的对象。

- 尊重孩子的"不"

允许孩子对我们的要求说"不"，并耐心倾听他的理由。一个在家里敢于表达不同意见的孩子，在外面才更有勇气对不合理的侵犯说"不"。

随时可用的"家庭工具包"

● "身体边界"情景模拟游戏

和孩子一起做角色扮演,模拟"被推搡""被抢东西"等场景,让他反复练习如何用语言和身体姿态(如:双手交叉在胸前,与对方保持距离)来拒绝和保护自己。

● "我的感受"表达卡片

制作一些卡片,如"我感到生气""我感到被冒犯了""请你尊重我",让孩子练习用清晰的语言表达自己的感受。

● 家庭"吐槽"时间

每天或每周留出 10 分钟,鼓励全家人分享遇到的不开心或委屈的事。让孩子习惯自由地表达负面情绪,而不是压抑在心底。

小结

这一节的核心,是帮助家长理性应对孩子被欺负的问题。请记住,孩子受欺负时,最需要的是家长的理解和坚定的支持,而不是愤怒的指责或简单粗暴地教他"以暴制暴"。用具体的应对步骤,帮助孩子树立清晰的边界,培养他的自尊和勇气,这才是保护孩子的最好方法。

今日小作业

请和孩子一起进行一次情景模拟。

你可以扮演一个想要抢他玩具的"霸道"同学,让他练习看着你的眼睛,大声说出:"这是我的玩具,请你还给我!""你不能抢我的东西!"

帮助他练习如何在被欺负时勇敢地表达自己的不满与边界。长期坚持下来,你的孩子一定会变得越来越坚强和自信。

02 孩子跟小朋友玩,总是"输不起",我该怎么办?

场景复现

很多家长都会碰到这种烦恼:"孩子和别的小朋友玩游戏,只要一输了就闹情绪、耍脾气,搞得别的小朋友都不愿意跟他玩了,真担心他以后会不受欢迎。"

我们既怕一味迁就,会让他变得更加任性、不懂规则;又怕严厉批评,会深深伤害他的自尊心,让他更加畏惧失败。这种输不起的性格到底该怎么调整呢?

心理学透视

心理学研究表明,3~6岁的孩子思维特点就是"自我中心",他们很难站在别人的角度换位思考。我们曾经做过一个实验,给孩子讲白雪公主的故事,然后问他:"你觉得白雪公主知道苹果有毒吗?"很多孩子会说:"知道!"因为孩子知道苹果有毒,他就以为白雪公主也一定知道。这种"自我中心"的思维,让这个阶段的孩子根本听不进去抽象的道理。

所以当孩子输不起、闹情绪时,我们要做的不是讲大道理,而是通过日常的互动和游戏,让孩子逐渐明白"输赢是正常的,每个人都会经历输赢"。

真实案例: 原来每个人都会输

我儿子小时候玩游戏输了就爱哭。有一次,我、先生、女儿和儿子一起玩棋盘游戏,他输了之后就开始哭。但我们三个谁都没停下来哄他,而是继续认真地玩游戏。

他哭了一阵发现没人理,就停下来看我们玩。他看到我们中也有人输,输了之后也会有短暂的失落,但很快就能调整好情绪,继续开心地玩。

他慢慢就明白了:"哦,原来每个人都会输,输也没什么大不了的,过一会儿还能继续开心地玩。"

解决方法: 三步走

要培养孩子健康的输赢观,关键不在于说教,而在于家长在日常互动中智慧地"不作为"与"巧作为"。家长可以参考以下做法。

第一步: 不要过度表扬,不制造"必须赢"的压力

很多家长从孩子出生开始,就不断用"你好棒!你太厉害

了！你真是太聪明了！"来鼓励孩子。但我们有没有想过,一个总在赞美中长大的孩子,从未体验过正常的挫折,也没有练习过如何接受失败,稍微输一次就容易崩溃。

什么叫过度表扬呢？

有一次我看到一位妈妈,孩子只是把球稍微拍高了一点点,妈妈就立刻兴奋地大喊:"宝宝太棒了！你真厉害,居然能把球拍得这么高!"但其实拍球对于这个年龄的孩子来说是个再普通不过的动作,这样过度夸赞对孩子的成长并没有帮助。只会让孩子误以为自己"必须一直这么厉害",反而增加了他面对失败的压力。

适度的表扬当然是好的,但请记住,不要给孩子那些不切实际、毫无根据的过分表扬。

第二步：不要过度尊重，让孩子接受世界不绕着他转

很多家长因为自己小时候未曾得到父母足够的尊重,于是现在就特别强调尊重孩子的感受和意见。这种出发点是好的,但有时会"矫枉过正",让孩子误以为世界上的一切都必须按照他的意愿来进行。

有些家长什么事情都要跟孩子商量,甚至连家里和孩子毫不相关的决定都要征求孩子的意见。久而久之,孩子会认为:"我才是世界的中心,一切都要听我的。"当这样的孩子在游戏中输了,他很难接受现实。

在日常生活中，我们可以帮助孩子明确：自己的事情，可以让他做决定，比如今天穿什么衣服、玩哪个玩具。但集体的或不属于他的事情，他要学会接受别人的安排和决定。这样，孩子逐渐就能明白，不是所有事都能按照自己的想法来，自然也会更容易接受输赢等结果。

第三步：不要讲大道理，让孩子关注过程中的体验

相较于苍白的说教，家长的亲身示范是教会孩子平常心最好的方式：

- 创造真实的输赢体验

日常生活中多与孩子认真玩游戏，既不过分让着他，也不在他输了闹情绪时过度照顾。让他知道："输赢本来就是正常的，每个人都会有输有赢。"

- 示范健康的情绪调节

在游戏中，家长自己输了也要表现出适当的失落，但要立刻调整情绪，可以说："哎呀，输了有点难过，不过没关系，我们再来一次！"通过示范，孩子会逐渐学习如何正确面对输赢。

- 强调过程而非结果

游戏结束后不过分强调输赢，而是鼓励孩子关注游戏本身的乐趣，可以告诉他："今天你很努力，妈妈很享受跟你一起玩的过程。"

随时可用的"家庭工具包"

- 家庭公平竞赛日

每周固定一天,全家认真地玩一种游戏,每个人都公平参与。让孩子在真实的输赢体验中,观察家人如何应对输赢,学习情绪调节。

- 输赢心情卡

提前和孩子一起制作"我输了,有点难过""没关系,再来一次""我赢了,很开心"等卡片。当情绪来临时,鼓励他用卡片表达,学会表达和管理自己的感受。

- 游戏复盘会

游戏结束后,轻松地和孩子讨论:"你输了会难过吗?妈妈输了也会难过哦,但我们都能很快再开心起来对不对?"让孩子知道,输赢带来的情绪可以自由表达,但更要学会调节。

- 平常心口头禅

和孩子约定一个有趣的口头禅,比如"输赢小事,开心大事"。当有人在游戏中输了,大家可以一起说出这句口头禅,用幽默化解紧张。

小结

这一节的核心,是帮助家长理解,孩子"输不起"不是他的错,也不是刻意捣乱,而是从小缺乏正确的输赢观念训练,是成长中正常的认知局限。家长要记住,不要过度表扬、过度尊重,更不要试图用大道理去"说服"孩子。我们需要用实际行动,耐心地陪伴孩子,帮助他逐渐学会正确地接受输赢,从而帮助他建立更健康的人际关系。

今日小作业

请你认真地、专注地陪孩子玩一场游戏。在这场游戏中,不刻意让着他,也不在他输了之后过度安慰。让他真切地感受到,"输"和"赢"都是游戏中正常的结果。

03 孩子出门就"怂",是"窝里横"吗?

场景复现

很多家长很困惑:有些孩子在家里活泼健谈、妙语连珠,但一到外面,尤其是遇到亲朋好友时,却变得害羞拘谨,不愿打招呼。

家长心中既有"恨铁不成钢"的着急,又有怕别人误解"没家教"的尴尬,忍不住开始自我怀疑:"我的孩子是不是'窝里横'?是不是我的教育出了问题?"

心理学透视

实际上,这种现象在儿童成长过程中极为普遍,也是可以被心理学合理解释的现象。

第二章　3~6岁：在爱与规则中，守护孩子的主动性与好奇心

我们不妨设身处地地想一想：即便是成年人，在熟悉的人面前可以侃侃而谈，但一旦置身于陌生场合，比如商务洽谈或正式聚会，也未必都能自然自如地应对。

儿童在陌生环境中的害羞反应，是一种典型的应激反应。心理学研究表明，无论事件本身是好是坏，任何环境变化都会引发一定程度的心理压力。即使是逢年过节这样的"喜事"，对于孩子而言，陌生的人群、不同的场合、陌生的社会期待，都可能引发明显的心理应激。

当孩子处于应激状态时，身体和心理都会表现出典型的防御反应：身体僵硬、动作拘谨；警惕性增强，不轻易回应外界刺激；情绪压抑，不主动与他人互动。

因此，孩子在外表现得羞涩、不敢打招呼，并非缺乏教养或性格有缺陷，而是对陌生环境的自然反应。

当然，家长产生困惑也是可以理解的。在热闹的聚会中，孩子低着头、不说话，确实容易让家长感到尴尬，担心亲友质疑自己的教育水平，甚至引发对孩子未来社交能力的担忧。

正因如此，很多家长会情急之下强迫孩子打招呼。但我想提醒大家：打招呼这件小事，远比我们想象中更复杂。在孩子尚未准备好的情况下强迫他，短期内也许孩子可以勉强完成，但长期来看，可能带来负面影响：加剧孩子的社交焦虑，让他将社交与压力、羞辱等负面情绪联系在一起，长大后可能演变为社交回避甚至社交恐惧。

因此,我并不建议家长在孩子感到明显紧张时强行要求打招呼。

真实案例:一次成功的"社交预演"

小明(化名)的妈妈曾经向我倾诉,小明在家里是个小"人来疯",但一到亲戚家就变成了"闷葫芦"。在一次重要的家庭聚会前,妈妈没有像往常一样临场催促,而是提前两天就和小明开始了"社交预演"。

她拿出家人的照片,和小明一起玩"认亲戚"的游戏,并轻松地模拟对话:"见到大姨,我们可以说'大姨好,好久不见'。"她还告诉小明:"如果你觉得紧张,可以先拉着妈妈的手,或者点点头笑一下,妈妈会帮你跟他们打招呼的。"

到了聚会那天,小明虽然一开始还有些拘谨,但在妈妈的眼神鼓励下,他竟然主动、小声地和几位亲戚打了招呼。这次成功的经历给了他巨大的信心,也让妈妈意识到,提前的准备和允许孩子"慢慢来"是多么重要。

解决方法:三步走

面对孩子在外害羞、拘谨的表现,这里有一些比较科学的做法建议。

第二章 3~6岁：在爱与规则中，守护孩子的主动性与好奇心

第一步：家长以身作则，自然示范

在孩子年幼时，可以由家长代为打招呼，比如："来，宝宝，跟我一起说，张叔叔好！"即使孩子只是轻轻点头或没有发声，也不要强迫。只需家长自然地完成社交示范，孩子在耳濡目染中会逐步建立起对应的社交模板。

第二步：保持耐心，理解并接纳孩子的节奏

孩子在不同的发展阶段，社交能力和心理韧性差异巨大。即使一开始害羞，不代表未来也会持续胆怯。

我女儿小时候就是个非常敏感、谨慎的孩子，连简单的"你好"都开不了口。但如今15岁的她，在同龄人的社交圈中可以从容交流，完全没有社交障碍。

孩子成长的力量远超我们想象。他会在自己的节奏中，自然习得必要的社交技能。

第三步：重要场合前，提前温和预演

如果确实有特别重要的场合（如亲友聚会、正式拜访等），家长可以提前做出引导：

- 明确告知孩子即将面对的场景

在带孩子参加重要场合前，告诉他今天会有什么人来，可以怎样打招呼，降低孩子的恐惧、焦虑感。

- 以请求合作的方式邀请孩子支持家长

比如:"今天妈妈很需要你的帮忙,让大家看到我们有礼貌的小帮手,可以吗?"

- 取得孩子的认同后,进行适度的模拟练习

练习说"叔叔好""阿姨好",让孩子在熟悉感中降低焦虑。

通过预演,降低陌生感与压力,孩子更容易在真实场合中表现自然。

随时可用的"家庭工具包"

- 亲子角色扮演游戏

与孩子一起角色扮演,预演打招呼、寒暄的小场景,增强孩子应对陌生场景和陌生人的熟练度与心理预期。

- "小小社交官"任务挑战

在熟悉的环境中(如超市、餐厅),鼓励孩子进行简单的社交任务,比如对收银员说声"谢谢",逐步积累自信。

- "我的情绪"绘图本

让孩子用画画的方式表达在不同社交场合的情绪感受,并一同探讨如何让自己更舒适。

小结

孩子在家活泼,在外却害羞,是正常的应激反应。不要因为

一时的尴尬或面子焦虑而强迫孩子去社交。尝试用温和、循序渐进的方式帮助孩子建立起健康的社交体验,给予孩子时间和空间,他们终将自然而然地学会在社会中自信地表达自己。

今日小作业

请回想一下,自己在陌生环境中曾经有哪些害羞紧张的时刻?找个机会分享给孩子听,让孩子知道:害羞并不可怕,慢慢适应是每个人都会经历的成长过程。

让我们用理解和耐心,陪孩子一起慢慢走过成长之路。

第三章
Chapter 3

6~12岁：从他律到自律，
建立孩子的自驱力

家长们常常带着焦虑问我:"田老师,为什么我的孩子一上小学,学习就得靠催、靠吼?怎么才能让他从'推着走'变成'自己跑'呢?"

这种"推不动"的感觉,根源在于孩子的自驱力尚未建立。根据心理学家埃里克森的理论,以及我们的"发展任务适配模型"(DTAM),6~12岁的孩子正面临着"勤奋感 vs 自卑感"的核心冲突。在这个阶段,他们内心会形成一个关键的自我评价:如果他们能通过努力获得真实的成就感,就会内化出"我能行"的信念,从而拥有自我驱动力;反之,如果努力总是伴随着挫败和指责,他们就会陷入自卑,失去探索的勇气。他们需要在"勤奋感"与"自卑感"的对抗中完成内在建设。

第三章 6~12岁：从他律到自律，建立孩子的自驱力

一、为什么孩子的自驱力"引擎"会熄火？——三种常见的"错位"养育

孩子缺乏自驱力，并不是因为他们"不懂事"或"懒惰"，往往是我们不经意中的养育方式，给他们的自驱力"引擎"泼了冷水。以下是三种常见的"错位"养育：

- 过度干预型

我们总忍不住在一旁催促、指导，甚至代劳。孩子的学习逐渐变成了"为父母完成任务"，自主探索的乐趣被剥夺，内在动机的火苗也就熄灭了。

- 焦虑驱动型

我们常用"再不努力就完蛋了"的语言来鞭策孩子。短期看似有效，但长期会让孩子在恐惧和压力下学习，无法形成真正发自内心的热爱与动力。

- 成就感稀缺型

学习本身是枯燥且消耗意志力的。如果孩子的努力无法及时换来"我做到了"的微小成就感，他们自然会感到疲惫、厌倦，甚至产生习得性无助。

二、家长的应对策略——"阶梯式成就反馈"（SAF）与"心态建设"

为了系统性地解决这些问题，本章我们将为家长提供包含"行为塑造"与"心态建设"两个层面的策略：

- "阶梯式成就反馈"(SAF)

它就像一套为孩子量身定制的"能力小阶梯",每一个台阶都不高,孩子可以轻松迈上去,并在一步步向上攀登的过程中,不知不觉抵达曾经或许遥不可及的高度。SAF策略包含三个核心步骤:

S(Step Division):任务分解。将一个令人生畏的大目标(如"写一篇作文"),拆解成一个个清晰、可控的小台阶(如:① 列提纲→② 写开头→③ 完成正文→④ 修改润色)。每爬上一级台阶,孩子都能获得即时的进展体验。

A(Achievement Feedback):进度反馈。用可视化的方式(如贴纸、进度条、小红旗)记录每一步的完成情况。让努力的成果变得"看得见",微小的进步也能成为激励,持续为孩子"充电"。

F(Flexible Reward):灵活激励。根据完成的小目标给予微小但有趣的奖励(如一次特别的亲子活动、一段自由的游戏时间)。奖励的目的不是"购买"行为,而是强化"努力"与"美好体验"之间的正向连接。

- "心态建设"

学龄期孩子的挑战并不仅仅是学习行为本身,更多时候还关乎心理素质和情绪健康(如考试焦虑、害怕批评、爱攀比)。面对这些内在的"心态难题",我们需要运用更侧重于认知引导和情绪管理的"心态建设"策略。

三、策略的力量——让"要我学"变成"我要学"

在我们的实践中,许多家庭通过运用 SAF 和"心态建设"策略,见证了孩子的惊喜转变。例如,我女儿在三年级时曾非常抗拒写作文,每次都拖延、敷衍。我运用 SAF 策略,和她一起将作文任务拆解成"列提纲—写开头—完成全文"三个步骤,每完成一步就在"闯关图"上贴一颗星星。当三次闯关成功后,就奖励她一次选择亲子共读或制作甜点的机会。两个月后,她不仅不再抗拒写作文,甚至开始主动写日记,并兴奋地告诉我:"妈妈,你看,我写完了三页!"

她不是被道理说服的,而是在一次次"我做到了"的真实体验中,自己点燃了学习的热情。

真正的自驱力,不是靠灌输道理、情绪施压,更不是靠奖励贿赂培养出来的。它是孩子在反复小步前行中,一点点积累起的内在信念——"我可以做到"。

在本章接下来的内容中,我们将聚焦于学龄期孩子最常见的学业挑战、心理素质和生活习惯等问题,详细拆解在不同场景下,如何灵活运用 SAF 与"心态建设"策略。

通过 SAF 与"心态建设"策略,家长能科学地帮助孩子:分解挑战,降低畏难情绪;及时反馈,积累自信与动力;适度奖励,强化努力与成果的连接。

让我们一起,为孩子搭建一座通往自信与勤奋的阶梯。

一 学习动力与学业挑战

01 孩子成绩差自己却不急,如何唤醒他的"学习责任感"?

场景复现

很多家长都会焦虑地问:"孩子的成绩明明不理想,他自己却一点也不着急,反倒是我们家长急得团团转。我们越是用力推,他反而越是向后退。

"怎么才能让孩子学会为自己负责,真正关心自己的学习呢?"

这其实是一个非常典型的问题,其关键在于:如何把责任真正交还给孩子?

心理学透视

这种现象,在心理学上被称为"责任转移"。当家长过度焦虑,将孩子的学习责任完全背负在自己身上时,孩子就会在潜意识中觉得:"学习是爸妈的事,他们会替我着急,那我就可以放松了。"家长的过度负责,恰恰剥夺了孩子对自己负责的机会。

要帮孩子建立起真正的学习责任感,不是靠施压,而是靠"放权"。

真实案例:一个巧克力纪念品引发的信任练习

有一次,我们全家外出旅行,孩子们在纪念品店挑选礼物。我儿子看中了一个金币巧克力,上面印着当地的标志。他很认真地想要买两个——一个送给自己,一个送给姐姐。

就在他满心期待地准备去付款时,我先生出于好意,开始提出各种建议:"这个巧克力品质一般,可能不好吃。""你上次不是也没怎么吃巧克力吗?""不如换个更有纪念意义的礼物吧。"

在我们大人看来,这不过是一个"为你好"的建议,但在孩子的感受里,却是一个强烈的否定信号。

我儿子当时没有说话,只是默默走到角落里蹲着,看起来非常难过。因为在他的理解里,自己连买一块巧克力的选择权都没有被尊重,他感到自己被剥夺了"为自己负责"的机会。

后来,我轻轻走过去告诉他:"你是可以为自己的选择负责的。你喜欢这个巧克力,也想给姐姐一个礼物,这本身就是一件很棒的事情。"

我还建议他可以发条信息问姐姐想不想要。得到确认后,他终于开心地重新挑选了巧克力。

这件小事,让我深刻意识到:真正的责任感,不是靠说教逼出来的,而是靠在一件件微小的事情中,给予孩子自主决定的空间。

解决方法：三步走

那么，具体到日常生活中，我们该如何一步步将责任交还给孩子，唤醒他的内在责任感呢？以下三个步骤，将为我们提供清晰的行动指南。

第一步：停止"念经式"施压，焦虑无法传递责任

很多家长以为，只要不停地提醒、唠叨，孩子就能意识到学习的重要性。比如："你看看人家谁谁谁，成绩多好！""你再不好好学习，以后怎么办？"

但实际上，家长越焦虑、越念叨，孩子反而越"不着急"。因为在孩子的感受中："反正你比我还着急，那我就不用急了呀。"如果责任没有真正交到孩子手里，他就不会产生真正的内在驱动力。

所以，第一步是家长要收回自己的过度焦虑，停止用"念经式唠叨"来催促孩子。让孩子自己感受到："成绩好不好，是我自己的事。"

第二步：营造真正信任的环境，让孩子有勇气为自己负责

心理学大师罗杰斯曾提出：只有在一个充满信任、积极关

注的环境里,个体才会自然地向上成长。

很多家长嘴上说"我相信你",但一到实际操作,就忍不住事事插手、指手画脚。比如,让孩子做个决定、完成一个小任务,家长在旁边不停提醒、质疑、干预,孩子心里怎么想?

"你根本不相信我能行啊,那我为什么还要努力?"

真正的信任,是让孩子在日常小事中感受到自己被信任,并且能为自己的选择负责。可以从生活中的小事做起:周末家庭出游,让孩子负责安排行程和预算。去超市购物,让孩子自己挑选一部分物品并结账。规划自己的一周作息安排,父母尊重并支持孩子的计划。

让孩子在小事中,真正体验到"我的选择有意义,我需要为我的决定负责"。

第三步: 从小事开始培养"为自己负责"的体验

想要孩子在学习上、人生路上有自驱力,不能指望一次激励或者一场说教。而是要在日常小事中,让孩子逐渐认识到:"我可以做决定。""我可以承担后果。""我可以自己掌控我的生活。"

除了日常生活中的小决定,还可以让孩子参与更多成长型体验:让孩子自己选择是否报名学校的小型演讲比赛、兴趣活动。自己制定学习计划,比如每天学习多长时间,周末安排什么任务。给孩子机会去体验"计划失败",再一起复盘、调整,而不是一味批评。

当孩子不断体验到自己做决定、承担后果的过程时,真正的责任感、自我驱动,才会慢慢生长出来。

随时可用的"家庭工具包"

- "家庭小 CEO"计划

每周设立一个由孩子全权负责的小项目,比如安排一次家庭出游的小计划、自己准备第二天的学习用品,家长只提供支持,不代劳。

- "我的选择"决策单

在合理范围内,把能让孩子自己选择的事情(如周末读哪本书、穿什么衣服、用什么方式复习功课)列成清单,让他自主勾选并执行。

- "成长复盘"对话

每天或每周固定一个时间,和孩子聊聊:"这周你做了哪些让自己骄傲的事?下次还有什么地方想做得更好?"帮助孩子培养自我管理的意识。

- "自然后果"体验日

如果孩子因为自己的选择遭遇小失败(如作业没带被老师批评),不急着救场,而是让他自然承担后果,再一起分析经验教训,让他明白选择与责任的关联。

小结

孩子成绩差,他自己不着急,并不是因为他"懒散"或者"不懂事",而是因为他自己还没有形成责任感。

家长需要做到:停止无效的"念经式"焦虑;营造一个信任、尊重的成长环境;通过一点一滴的日常体验,培养孩子"为自己负责"的意识和能力。

记住,真正的责任感,不是说出来的,而是孩子在一次次为自己做主中,练习出来的。

今日小作业

请给孩子布置一件他可以独立负责的"小任务",比如让他自己设计一次周末家庭活动的计划,并且真正让他主导执行。

在这个过程中,请尽量控制住自己的干预冲动,让孩子真正体验到:"我可以为自己的决定负责。"

02 从"推着走"到"自己跑",如何培养孩子的"学习自驱力"?

场景复现

"孩子总是玩心大,学习不积极,得时刻盯着催着。怎么才能让他自己自觉、自律地去学习呢?"

很多家长都觉得,自己像猫一样,时刻盯着孩子学习;孩子则像鼠一样,找到机会就偷懒、玩耍。我们每天催促、监督,把自己累得精疲力尽,孩子却依然不主动、不自觉。

"到底怎样才能让孩子自己发动引擎,主动向前跑呢?"

心理学透视

想要培养孩子的自律和主动学习能力,其实背后涉及一个非常重要的心理机制——自驱力。

孩子缺乏自驱力,问题的核心往往不在于孩子"懒",而在于他的内在动机没有被正确激发。心理学家爱德华·德西和理查德·瑞安提出的"自我决定论"告诉我们,人类有三种天生的、基本的心理需求:

- 自主感

感觉自己的行为是自发的,是自己选择的。

- 胜任感

感觉自己有能力完成任务,能看到自己的进步。

- 归属感

感觉自己被关心、被理解、被接纳。

当我们的养育方式满足了孩子这三种心理需求时,他的学习自驱力就会像泉水一样自然涌现。反之,如果我们总是在控制、施压和批评,就会破坏孩子的自主感和胜任感,他的学习动力自然就会"熄火"。

真实案例：从"被安排"到"自己规划"的转变

乐乐(化名)的妈妈向我咨询，她为乐乐的学习操碎了心。乐乐妈妈每天为乐乐制定了精确到分钟的学习计划，从几点背单词到几点做数学题，都安排得明明白白。但乐乐却越来越抵触，作业拖拉，一有机会就玩游戏。

后来，在一次咨询后，妈妈决定"放手一搏"。她告诉乐乐："从今天起，学习计划由你自己来定，妈妈只负责检查最终结果。"起初，乐乐的学习效率确实有所下降，甚至有两次作业没能按时完成。妈妈忍住了批评，只是让他自己承担了被老师约谈的后果。

一周后，乐乐主动找到妈妈，一起商量如何制定一个更合理的计划。他开始把大任务拆解成小块，每完成一项就给自己画一颗星。当他第一次靠自己完成了所有计划时，脸上露出了前所未有的成就感。虽然妈妈不再催促，但乐乐的学习状态反而越来越好。

解决方法：三步走

培养自驱力的关键，在于将学习的掌控权逐步交还给孩子。这需要我们从三个方面入手，为孩子创造一个能激发内在动机的环境：

第一步： 减少隐形控制，给予真正的自主感

很多家长以为，只要自己不打骂孩子，就算是"尊重自由"了。但其实，父母的控制很多时候是无声的。

比如，在孩子玩游戏时干预："去玩那个更有意义的积木吧。"在孩子读书时提示："你看懂这个字了吗？要不要复习一下？"给孩子安排所谓"自由活动"，却时时指点要怎么玩才对。

心理学上有个著名的"自由玩耍实验"：让孩子在一间放满玩具的房间里自由玩耍，家长在旁边观察。实验发现，父母干预得越多（哪怕只是温柔的提示），孩子后续表现出的自控力就越差。

为什么？因为控制削弱了孩子的自主感，阻碍了自我驱动的形成。

所以，想让孩子主动学习，第一步是家长学会放手，减少隐形控制，给予孩子真正的自主空间。

第二步： 拆解任务目标，创造持续的胜任感

可能很多家长会疑惑："我已经不催了，可孩子还是坐不住呀，总是三分钟热度，怎么办？"

这里要提醒大家：孩子的大脑前额叶（主管自律和长期规划的区域）发育很晚，真正成熟大约要到25岁。6~12岁的孩子，天生就是短视近利、以即时满足为主的。不是他们不想自律，是他们很难靠意志力去完成一个宏大而模糊的

目标。

所以,我们要做的是——帮孩子把大目标拆解成小目标,让他们在"小目标→小成功→小满足"的循环中,慢慢积累"我能行"的胜任感。

不要说:"你这学期一定要考进年级前十!"可以说:"今天晚上,我们一起完成这两道数学应用题。"

每次完成小目标,家长都要及时给予正向反馈,比如一个微笑或一句鼓励,而不是过度的物质奖励。孩子才能在持续的正向反馈中,体验到成长的快乐。

"原来我可以靠自己做到,这种感觉真好!"

第三步: 营造轻松氛围,提供归属感

自律的本质,是非常反人性的。它需要孩子消耗大量的心理能量和意志力资源。

如果在孩子努力的过程中,家庭氛围紧张、冲突频发,孩子还要额外消耗能量去应对情绪问题,那他哪里还有力气去坚持目标?

所以,家庭氛围越轻松,孩子越容易学会自律。

在孩子没完成小目标时,不要冷嘲热讽,而是陪伴他一起面对后果,比如一起想办法补救。当孩子遇到难题卡壳时,不急着给答案,而是用引导提问的方式帮助他进行思考。

最重要的是,让孩子在一次次遇到问题并成功解决的过

程中,逐渐形成一种积极的信念:"遇到困难并不可怕,我可以自己想办法搞定!"

这样的正向循环,比一味的批评和唠叨,效果好一百倍。

随时可用的"家庭工具包"

- "我的学习我做主"计划表

鼓励孩子自己制定每日或每周的学习计划,家长只提建议,不强制安排,培养他的自主感。

- "任务分解"便利贴

将大任务(如复习一章内容)用便利贴分解成 3~4 个小任务,每完成一个就撕掉一张,让胜任感"可视化"。例如,"今天完成数学练习册第 5 页",而不是模糊地说"今天多做点作业"。

- "无条件支持"沟通卡

当孩子遇到困难时,递给他一张卡片,上面写着"没关系,我们一起想办法",提供情绪支持和归属感。

- "努力看见"记录本

准备一个本子,不记录成绩,只记录孩子努力的过程和微小的进步,并及时与他分享,强化他的正向行为。

小结

想让孩子真正变得自律,主动学习,不是靠催促、命令或讲大道理。而是靠家长慢慢减少隐形控制,激发孩子的自主感;帮助孩子拆解小目标,体验胜任感;营造轻松信任的家庭氛围,提供归属感。当这三种心理需求被满足时,自驱力自然会在爱与支持中生长。

培养自律,是一场马拉松,不是短跑。只要方向对了,每一步,孩子都在进步。

今日小作业

帮孩子设定一个小而具体的学习目标,比如"今天阅读10页课文",并且在完成后,及时给他一个温暖的鼓励。

记住,小小的一步,也是通往未来的一大步!

03 从"我太笨了"到"我再试试",如何培养孩子的"成长型思维"?

场景复现

很多家长都会有这样的焦虑:"孩子做作业或者学习新知识时,只要一遇到难题,就好像撞到了一堵墙,立刻烦躁,稍微有点难度就放弃了,根本没耐心琢磨。这样下去怎么能学好呢?"

怎样才能帮孩子建立信心,让他愿意一次次地尝试,而不是轻易否定自己呢？

心理学透视

其实，孩子出现这种情况，并不是简单的"不努力"，而是他们的大脑里已经形成了一套自动化的思维模式，让他们在遇到困难时习惯性地否定自己。

孩子陷入了"固定型思维"的陷阱，他们的大脑在飞速运转一个潜意识链条：我不会→我很笨→我完蛋了。这种认知，会瞬间激发强烈的焦虑和挫败感。而情绪过热时，大脑理性区域（前额叶）功能就被暂时劫持了，孩子根本无法冷静思考。

真实案例： 陪着孩子走出情绪，他才能学会思考

有一次，我儿子遇到了一道数学题卡住了，非常沮丧地说："我怎么这么笨，这种题都不会！"

他的情绪很快就崩了。我当时没有急着批评或者安慰他，而是用非常平静的语气问他："是卡在理解题目的地方，还是计算步骤上？"

他一边抽噎一边回答："不知道怎么算……"

于是我接着问他："你能不能描述一下，这道题的大概意思？我们不急着解，先聊聊它讲了什么。"

在这个过程中，他慢慢冷静下来，开始复述题目的意思。之后我又引导他思考："如果是你来出这道题，你会怎么出？"

在重新组织信息的过程中,他居然自己得出了解题思路。

这件事让他意识到:"遇到不会的问题,不是我不行,而是我可以通过理性思考找到办法。"

之后每当他再遇到难题时,崩溃的时间明显缩短了,更多时候他能主动请求帮助,甚至自己先想几步再来找我。

解决方案: 三步走

要帮助孩子从"固定型思维"转向"成长型思维",关键在于打断他遇挫后的负面情绪循环,并引导他建立起"问题可以被解决"的新信念。以下三步家长可以参考。

第一步: 接纳情绪,让孩子从情绪脑回到理性脑

家长应该用冷静、中性的语气帮孩子打断否定自己的恶性循环。比如可以告诉孩子:"我知道你现在很烦躁,没关系。你能告诉我,具体是卡在哪里了吗?""我们一起看看,到底是哪里出了问题?"

让孩子用语言描述问题,而不是陷入抽象情绪里。当孩子开始用理性大脑去描述自己的困难,他的情绪自然就降温了。

在这个过程中,家长一定不要着急指责或安慰,否则只会让孩子的情绪更激烈。

第二步： 引导思考，培养孩子解决问题的思维

在孩子冷静下来以后，我们就可以进一步引导："具体是哪道题不会？""是哪个步骤卡住了？""你觉得有哪些办法可以试试看？"

即便孩子说不出来解决方法也没关系，家长可以用引导式提问，帮助他进行思考："要不要先看看题目的要求？""是不是可以先试着列个简单式子？""要不要明天去问老师？或者看看同学有没有好办法？"

重要的是，让孩子知道：面对问题时，情绪不是唯一的出口，思考才是。

哪怕暂时解决不了问题，只要孩子开始尝试分析、寻找方法，就已经是巨大进步了。

第三步： 言传身教，做孩子的榜样

除了在孩子遇到问题时适时引导，家长平时在自己的生活中也要做示范。

例如，面对工作的难题时，可以在孩子面前自然地表达自己的思考过程。把遇到困难、找办法解决、最终成功的经历分享给孩子听。哪怕暂时没解决问题，也可以和孩子讨论："我们还能试试哪些办法？"

通过这样的方式，孩子会慢慢形成一种积极的信念："遇到困难很正常，只要冷静思考，就有机会找到解决办法。"

这才是真正打破浅尝辄止、浮躁学习状态的关键。

随时可用的"家庭工具包"

- 冷静提示卡

在孩子的书桌上放一张小卡片,上面写着:"遇到不会的题,先深呼吸,再问自己三个问题:我理解题目了吗?我能试一下吗?我可以求助谁?"

- 困难记录本

和孩子一起准备一个"困难记录本",遇到难题时把问题记录下来,哪怕当天没解决也没关系。定期回顾,让孩子看到自己攻克问题的一个个成长轨迹。

- 成功案例复盘

每当孩子成功解决一个难题,无论多小,都要认真复盘:"你是怎么做到的?"让他强化解决问题的信心。

- 家庭试错日

每周安排一天,全家一起开展一次可以"不怕失败"的活动,比如尝试一道新菜、做一个复杂的手工。重点是体验过程,而不是追求完美结果。

小结

孩子学习浮躁、遇到难题就烦躁,根本原因在于负面认知和缺乏面对困难的策略。家长需要做的是:用冷静打断孩子的情绪过热,帮助他回归理性;引导孩子思考问题,把问题具体化,培养解决问题的思维;用言传身教,帮助孩子建立"遇到问题可以找到办法"的信念。

记住,改变固定型思维模式,需要时间,需要一次次温柔而坚定的陪伴。

今日小作业

留意孩子遇到小挫折时的反应。先不急着帮他解决,而是用冷静、平和的语气引导他思考,陪他梳理问题,试着一起找出至少两种可能的解决办法。

你会发现,只要坚持这样一点一滴地引导,孩子面对困难的态度,就会慢慢发生质的变化。

04 作业拖拉、潦草、敷衍? 如何系统性地解决孩子的作业难题?

场景复现

很多家长都会陷入一场关于作业的"战争":"孩子做作业拖拖拉拉,写得潦草敷衍,错题连连。我们到底该怎么办?是该一直陪着、盯着,确保他完成?还是该狠心放手?"

心理学透视

孩子在作业问题上的种种表现,本质上源于"责任归属"

不清。当家长过度介入,将"完成作业"视为自己的首要任务时,孩子便会自然地将责任"扔"给父母。心理学称之为"习得性无助"的变体——孩子在学习责任上变得"无助",因为总有人替他"负责"。

因此,要从根源上解决作业难题,我们必须停止做"监工",转而成为一个"规则的制定者和守护者",将作业的责任真正交还给孩子。

真实案例:从拖拉到自主

我女儿刚上小学时,也曾经有作业拖拉、磨蹭的阶段。

那时我和她约定,晚上9:30必须上床,无论作业是否完成。没做完的作业,第二天由老师处理,家长不替她找理由,也不在家帮她补写。

起初,她很痛苦,甚至哭着上床。但坚持了一段时间后,她逐渐意识到:完成作业,不是为了父母高兴,而是自己的责任。

慢慢地,她学会了自己规划时间,并主动在规定时间内完成作业。这种转变,是在一次次自然后果中、在责任逐渐交还的过程中完成的。

解决方案:三步走

解决作业问题的核心,是建立清晰的规则,并坚定地执行。这需要我们作为家长,完成从"监督者"到"支持者"的角色转变。家长可以参考以下三个步骤来解决孩子的做作业难题。

第一步：明确责任归属，谁的作业谁负责

家长首先应该明确：孩子的作业，责任人是孩子自己，家长只提供支持，不代劳。

我们可以做的是：提供必要支持，比如在孩子请求时给予提醒或帮助；和孩子一起制定规则，比如完成作业后的检查；绝不能天天坐在旁边，全程陪伴或不停催促。

另外需要注意，老师布置的作业，由老师检查、奖惩；家庭作业或专项练习，由家长简单确认。

真正的责任感，来自孩子自己承担任务，而不是依赖外部监督。

第二步：建立清晰规则，让"自然后果"成为最好的老师

规则是培养习惯的保障。我们需要和孩子一起，制定一套清晰、可执行的作业规则：

- 制定时间底线

例如，约定每天晚上 9:30（时间的设定依据孩子的情况）必须上床休息，作业未完成也不能延迟。这能让孩子直观地感受到时间的有限性。

- 坚持自然后果

如果作业没完成,就让他自己去面对老师的批评或学校的规定。家长不为孩子善后,不帮忙找理由或掩盖问题。只有当孩子亲身体验到拖拉带来的不便时,他才会从内心产生改变的动力。

第三步:耐心引导,在反复中保持坚定和温和

作业习惯的建立,绝不会一蹴而就。在这个过程中,孩子可能会有反复,需要家长耐心引导:

- 允许情绪波动

当孩子因承担自然后果而沮丧、哭泣时,这是正常反应。我们只需安静陪伴,不必急于介入或安慰,温和地坚持规则即可。

- 适时提供帮助

如果孩子主动请求帮助,比如:"妈妈,我今天的任务有点多,你能帮我规划一下顺序吗?"我们可以积极提供支持。但记住,支持不是替代,最终完成任务的必须是孩子自己。

随时可用的"家庭工具包"

- 家庭作业规则表

和孩子一起制定作业规则表,比如明确几点开始写作业、几点结束,并由孩子自己签字确认,增加责任感。

- "责任清单"与"支持清单"

用一张纸,清晰列出"孩子的责任"(如按时完成、字迹工整)和"家长的支持"(如提供安静环境、解答疑问),让边界一目了然。

- "番茄钟"作业法

推荐孩子使用番茄钟(或任何计时器),将作业时间划分为"学习 25 分钟,休息 5 分钟"的时间段,帮助他克服畏难情绪,保持专注。

- 每周作业复盘会

每周末花 10 分钟和孩子轻松复盘:这周作业完成得怎么样?遇到了什么困难?下周有什么需要调整的?帮助他培养自我管理的意识。

小结

关于作业问题,家长需要牢记:作业是孩子的责任,不是家长的责任。我们需要建立清晰的规则,坚定执行,"自然后果"是最好的老师;家长要做坚定而温暖的支持者,而不是替代者或催促者。

只有在真正把责任还给孩子之后,孩子才会逐渐学会对自己的学习负责,最终成长为一个自主、自律的人。

今日小作业

请和孩子一起,共同制定作业规则表,并书面记录下来。比如明确几点开始写作业、几点结束等。

然后,无论发生什么,请坚持执行这条规则至少一周。观察一下,当规则开始生效时,你和孩子的状态会发生怎样的变化?

05 孩子注意力不集中、爱开小差,我该怎么办?

场景复现

很多家长都会接到老师类似的反馈:"你家孩子上课注意力不集中,总是东张西望,爱开小差。"听完这话,我们的心头立刻警铃大作,一连串的担忧涌上心头:"他是不是有多动症?是不是学习习惯有问题?再这样下去成绩不好可怎么办?"

家长不禁感到无助:"到底要怎样才能让他的注意力回到正轨呢?"

心理学透视

小学阶段的孩子,本身注意力就容易分散,尤其是外向型、对环境敏感的孩子,更容易被外界刺激打断注意力。这是天生的特质。

在这个阶段,孩子的前额叶(主管专注、控制冲动的大脑区域)尚未发育成熟,分心是很自然的现象。

如果孩子在做作业、学习时,环境中有太多声音、视觉刺激,或者父母频繁打断、唠叨,都会影响专注力。

如果任务如果太大、目标不清晰,也会让孩子本能地逃避,表现为注意力涣散。

真实案例:从"发呆两小时"到"专注半小时"

小雅(化名)妈妈曾经向我求助,她的女儿小雅在家里写作业,经常写两句就走神,看会儿天花板,再写两行又发呆,一份作业要磨蹭两个小时。后来她按照我的建议,把作业任务拆分成一个个小目标,每完成一个小目标就允许她站起来活动2分钟,还让女儿自己画小勾勾记录完成的任务。

结果一周后,小雅明显专注得多了,完成作业的速度也大大加快。这位妈妈感慨道:"关键就在于,专注力不是喊出来的,而是顺应孩子的特点,科学引导出来的。"

解决方法:三步走

我们可以参考以下三个步骤来培养孩子的专注力。

第一步:拆解任务,改"计时"为"定量"

面对一个庞大的任务(如一张数学卷子),孩子很容易产生畏难情绪而选择"罢工"。我们可以:

- 分解任务

把大任务拆解成 4~6 个小任务,比如"每完成 5 道题,就可以休息 2 分钟"。

- 可视化进度

准备一个任务表,每完成一小块,让孩子自己打个勾或贴个小星星。

- 及时鼓励

在他完成一个小目标时,说一句:"我看到你很认真,继续加油!"

这样,孩子的大脑就不会因面对"大山"而本能逃避,反而更愿意一步步地向上攀登。

第二步:刻意练习,帮孩子自然延长专注时间

每周至少安排两次由孩子自主选择的深度活动(比如搭积木、绘画、拼图、折纸)。玩的时候,家长只在旁边观察,不主动指导、不打断孩子。

完成后可以邀请孩子分享:"你最喜欢的环节是什么?"而不是直接点评孩子的作品。

通过长时间的自主沉浸体验,孩子的大脑会自然练习保持专注。有以下三种具体的做法可以尝试:

- 通过运动增强大脑专注能力

每周安排两种运动,一种是技巧型(比如羽毛球、篮球)、一种是体能型(比如跳绳、跑步)。运动时间不必太长,每次30分钟左右,注意尽量规律,比如固定在每周二、四、六。运动时,不要一边看手机一边运动,要让孩子在运动中保持专注。

- 大声朗读锻炼持续专注力

每天固定20分钟大声朗读,可以是课文,也可以是喜欢的小故事。家长陪读时也要做到全神贯注,给孩子做榜样。

在孩子朗读结束后,不要急着点评,可以轻松地聊聊故事内容:"你最喜欢里面的哪个角色?"

朗读时必须眼、脑、嘴、耳协调工作,这是极佳的全方位注意力锻炼。

- 通过游戏提升兴趣

以玩"24点"牌游戏为例。游戏的规则是:给孩子和家长各发2张牌,一共4张,用加减乘除的方法算出24。规定每轮限时1分钟,谁先算出来谁赢。这类游戏可以在孩子每天做作业后或周末安排一次,既锻炼思考速度,又训练短时专注力。

第三步: 优化环境,减少干扰

一个安静、整洁的环境,能大大减少孩子专注力的消耗,请为孩子创造安静专注的环境:

- 创造"安静时间"

规定家庭学习时段(如晚上 7:30—8:30),全家暂停电视、音乐和非必要的交谈。

- 减少无效干预

孩子做作业时,不要反复问"写完了吗?""怎么还不动笔?"必须提醒时,只用简短的指令,如"到时间了,开始吧"。

- 整理学习空间

确保书桌上只放与当次学习任务相关的物品,避免过多的玩具、零食分散孩子的注意力。

随时可用的"家庭工具包"

- 小目标任务表

把每天的学习任务拆分成一个个小目标,每完成一个小目标,画一个小勾勾,积攒成就感。

- "家庭专注"时钟

设定一个"家庭安静时段",在此期间,全家人都进行需要专注的活动(如阅读、手工),共同营造专注氛围。

- "兴趣沉浸"角落

在家里为孩子设置一个"沉浸角",专门用来玩他最喜欢的、需要深度投入的玩具(如乐高、拼图),让他体验长时间专注的乐趣。

● 专注力挑战赛

每周和孩子进行一次专注力小游戏比赛,比如"大家来找茬"或记忆力扑克牌,用竞赛激发动力。

小结

孩子的专注力,不是靠批评和催促"逼"出来的,而是用科学的方法一步步"养"出来的。孩子越能体验到"完成小任务"的成功感,就越能自然地延长专注时间。家长要做的不是一味焦虑,而是为孩子悄悄搭好一座"专注力成长的桥"。

"专注不是一种天赋,而是一种可以后天习得的能力。"

今日小作业

请从今天起,尝试用"番茄钟"的方法来安排孩子的作业时间。

和他约定好:"我们先非常专注地学习20分钟,然后可以休息5分钟,起来走动一下。"用计时器来执行这个约定。观察一下,这种"劳逸结合"的方式,是否能让他的学习效率有所提升?

06 孩子不知道为什么要读书,如何帮他找到学习的意义与目标?

场景复现

很多家长会遇到一个问题:孩子经常说"我不知道为什么

要读书,学习没什么意思",家长也想帮他,但又不知道怎么帮,感觉特别无力。

这种现象其实很普遍,到初中阶段开始变得突出。

心理学透视

6~12岁的孩子,自我系统正在发展中,还没有形成稳定的自我价值感。他们很容易被眼前的感受支配,看不到长远目标。他们的自我认知尚未建立。

有些孩子一路以来被安排得过满,长期被控制、缺乏自主体验,从来没有自主规划过自己的学习和生活,自然也就不知道"为了什么而努力"。

孩子内心可能有自己的兴趣和梦想,但外部期望强加了另一套标准,家长期望和孩子内心愿望的冲突使孩子失去了方向感。

真实案例:从"被推着走"到"为自己画蓝图"

作为大学老师,我接触过许多学生,他们从小被严格管控,一路被推着走到大学,却在大学阶段突然"断电",开始放飞自我、不再努力。

小林(化名)就是典型的一位。他从小在父母的严格管控下,一路被推着考上了名牌大学,却在大学里彻底迷失,沉迷游戏,多门功课挂科。

在与他深入沟通后,我发现他心中充满了压抑和迷茫。他热爱动漫设计,但父母认为这是"不务正业",强迫他选择了热门的金融专业。他告诉我:"我从来不知道自己为什么要学这些,反正都是为了他们。"

因为人生目标不是自己内在生成的,一旦外部推力消失,他的自我驱动力就瞬间瓦解了。

解决方法:三步走

要帮助孩子走出迷茫,找到学习的意义,关键在于家长要从"规划者"转变为"引导者",陪他完成一次向内探索的旅程。

第一步:放手与倾听,为意义的萌芽创造空间

在孩子找到自己的方向前,我们首先要做的,是停止替他规划人生,并真正倾听他的心声:

- 给予自主空间

允许孩子在学习和生活中有更多的自主选择权,哪怕一开始他会有些迷茫甚至成绩下滑,这也是成长必须付出的代价。

- 无条件倾听

当孩子表达自己的想法时,哪怕你并不认同,也要先放下评判,让他把话说完。让他感受到,他的声音是被尊重的。

"好孩子不是管出来的,是自己长出来的。"只有在被信任和尊重的土壤里,孩子才敢于探索真实的自我。

第二步: 探索与发现,帮他画出"我是谁"的画像

在给予空间后,我们可以用一些科学的工具和方法,引导孩子更清晰地认识自己:

● 借助专业工具

可以带孩子做一些权威的职业兴趣测评(如霍兰德职业兴趣测试)或潜能测评,帮助他发现可能被忽视的潜能和兴趣领域。

● 创造多元体验

每个学期带孩子体验一次与职业或兴趣相关的活动,比如参观设计展、参加编程工作坊、与从事相关行业的朋友聊天等。让兴趣不只停留在想象中。

通过这些探索,孩子能逐步清晰地认识到:"我擅长什么?我喜欢什么?未来有哪些可能性?"

第三步: 连接与规划,将"梦想"翻译成"目标"

当孩子对自我有了初步认知后,我们就可以引导他,将模糊的梦想转化为具体、可执行的目标:

● 绘制梦想地图

和孩子一起,把他的长期梦想(如成为一名工业设计师)

画在纸上。

- 拆解实现路径

引导他思考:"要实现这个梦想,需要考上什么样的大学?需要学习什么专业?现在高中哪些科目需要加强?具体到每天可以做些什么?"

- 接受动态调整

告诉孩子,目标不是一成不变的,可以在实践中不断回顾和调整。重要的是,始终有一个清晰的方向在指引着当下的努力。

随时可用的"家庭工具包"

- 职业兴趣测评

带领孩子做职业兴趣测评,帮助孩子了解自己擅长的领域和潜在职业方向。

- "职业体验"任务卡

每学期设计一张任务卡,让孩子选择一项感兴趣的职业去"研究",比如上网查资料、看相关纪录片,并做一个简单的分享。

- "家庭榜样"分享会

家长可以主动分享自己在工作和学习中如何设定目标、克服困难的经历,用言传身教影响孩子。

小结

孩子对未来迷茫、不知道为什么要学习,是成长中的正常现象。家长不要急于控制或说教,而是要通过放手、引导探索、目标分解和言传身教,一步步帮孩子找到真正属于自己的方向。

真正的自驱力,是源于内心深处的,是自己所热爱的,它不是逼出来的,而是被唤醒的。

"孩子的人生,不是推着走的,而是陪着走的。"

今日小作业

请找一个轻松的时刻,和孩子聊一聊:"如果不考虑成绩和未来的话,你觉得做什么事情会让你感到最开心、最投入?"

不要评判他的回答,只是好奇地倾听。这次对话的目的,不是为了找到一个"正确"的答案,而是为了开启一次探索他内在兴趣的旅程。

二 心理素质与情绪健康

01 孩子总羡慕同学家境，爱攀比，我该怎么办？

场景复现

很多家长都会有这样的担忧："我的孩子总是羡慕别的同学家里条件好，看到别人有新玩具、新衣服，甚至只是出国旅游的照片，就很羡慕，有时候还会反过来嫌弃我们家。"

孩子心里就像住进了一面"哈哈镜"，他看到的总是别人被放大的光鲜，和自己被缩小的普通。

心理学透视

其实，孩子出现攀比心理并不是性格不好，也不是教养出了问题。攀比，是成长过程中的一个常见现象。很多家长一看到孩子攀比，就忍不住批评："怎么这么虚荣？怎么这么爱比？"

这在心理学上被称为"社会比较"，人类作为社会性动物，天生就会通过与他人比较来定位和评价自我。孩子更是如此，他们需要通过观察和比较同伴，来确认自己的位置和价值。

真实案例：和女儿一起，走出攀比的小路

我的女儿小时候也经历过一段"羡慕别人家"的阶段。

有一次，她看着同班同学家里有更大、更漂亮的房子，新款的玩具，眼里充满了羡慕，还偷偷攒起了自己的零花钱，想着要买一些让自己"看起来不输给别人的东西"。

我没有急着教育她"攀比不好"，而是选择实事求是地和她聊了一次。我跟她说："妈妈自己也有很多时候羡慕别人，比如别人换了新车、买了很漂亮的包。但妈妈知道，我们可以通过努力，一点点靠近自己想要的生活。"

随后，我邀请她成为家庭的一份子，比如在我需要加班的时候，她帮忙承担一些简单的家务。我们还一起制定了"梦想储蓄计划"，她每完成一项小任务，就能积攒一点零花钱，就这样慢慢去实现自己心仪的小目标。

更让我欣慰的是，随着她的成长，女儿开始主动和我讨论未来的职业规划。她喜欢艺术，就会问我："妈妈，如果我以后做设计师，能不能自己养活自己？能不能靠自己的本事过得更好？"

那一刻，我感受到，她的心态已经从单纯羡慕别人，转变成了思考如何通过自己的努力去"创造"。

解决方法：三步走

从这个案例中我们可以看到，化解孩子的攀比心，关键不是靠堵，而是靠疏。我们需要通过接纳、引导和赋能，帮助他

建立起内在的价值感:

第一步: 接纳情绪,不要把攀比当成道德问题

当孩子表达羡慕时,不要急着讲道理或批评。攀比是人类进化中保留下来的心理机制,是一种正常的情绪反应。我们可以这样做:

- 共情感受

我们可以真诚地回应:"是啊,看到别人有那么好的东西,会羡慕是很正常的,妈妈有时候也会这样。"先让孩子的情绪被理解。

- 分享经历

分享自己曾经羡慕别人的小故事,让孩子知道这种感受并不可耻,从而为后续的引导打下信任基础。

遇到孩子有攀比心理时,家长该怎么做呢?

第二步: 拓宽视野,重新定义"富有"

物质条件只是"富有"的一种,我们可以引导孩子看到更多元的价值:

- 引导关注非物质财富

聊聊我们家拥有的且金钱买不到的东西,比如和睦的家庭氛围、家人的健康、共同的美好回忆等。

- 培养"幸福感受力"

每周和孩子一起回顾"本周最让你开心的三件事",让他学会从日常小事中感受幸福,而不是只盯着物质。

当孩子内心的价值体系丰富起来,物质攀比自然就不会占据主导地位。

第三步: 不要忽略让孩子"参与家庭"的机会

如果能让孩子参与到家庭的责任中,他的心态会逐渐从"只想要"变成"也想付出":

- 赋予家庭责任

让他帮忙分担力所能及的家务,或在家庭重大决策(如购物预算)上参与讨论,让他体会到父母的不易。

- 鼓励亲手创造

鼓励他通过自己的努力(如做家务、积攒零花钱)来实现小愿望。让他体验到,通过自己双手创造出来的价值,远比轻易得到的更值得骄傲。

随时可用的"家庭工具包"

- 梦想储蓄计划

和孩子一起设立小目标,通过日常努力积攒"梦想基金",让他体验到:想要的东西,需要靠自己的努力去争取。

- 家庭参与计划

给孩子安排力所能及的家务或小任务,让他感受到自己是家庭的一份子,体验到"付出"带来的价值感。

- 价值大讨论

在逛街或看广告时,和孩子讨论价格、品牌和实用性的关系,帮助他理解:贵的未必是最好的,适合自己的才最重要。

- 幸福感受记录

每周和孩子一起回顾:"本周有什么让你觉得幸福的小事情?"逐步培养孩子关注生活中真实幸福的能力,而不是一味向外比较。

小结

孩子出现攀比心理是成长中的正常现象,不是"坏毛病"。家长要做的,不是急着压制或批评,而是要:理解并接纳孩子的情绪,引导他看到多元的价值,并通过亲身参与,让他体验到创造的快乐。

只有在实际体验中,孩子才能真正明白:幸福,不是比出来的,而是靠自己的双手创造,靠内心去感受。

今日小作业

请和孩子一起启动一个"梦想储蓄罐"计划。

选一个他特别想实现的小愿望（比如买一本书、一件小物品），和他一起讨论可以通过哪些小小的努力（如帮忙做家务、坚持阅读打卡）来为这个"梦想"储蓄。这个过程的重点，是让他体验"努力—积累—实现"的完整闭环。

02 "夸奖"的艺术，如何让孩子自信又不自负？

场景复现

在日常教育中，很多家长都听过这样的建议："多夸孩子，夸奖能增强自信。"但具体到怎么夸，夸到什么程度，夸什么内容，很多家长就开始迷茫了。

有的家长一高兴就过度夸奖："你好棒！你太聪明了！"有的家长生怕夸坏了孩子，索性闭口不提表扬。还有的家长即使想夸，也不知道夸什么，最后变成敷衍了事："嗯，不错。"

心理学透视

我们之所以在夸奖上如此纠结，是因为夸奖的方式直接影响着孩子思维模式的构建。

夸奖需要掌握"适度"的原则。过度表扬，会削弱孩子的内在动机。如果我们不断用外在奖励（比如物质奖励、空泛夸赞）来刺激孩子，孩子慢慢就不会因为喜欢学习、喜欢探索而努力，而是为了"得到奖励"或者"被夸奖"才去做事，久而久之，自驱力被严重损伤。

夸错内容,会让孩子害怕失败。如果我们夸的是"你真聪明""你真厉害",孩子会认为自己的聪明是天生的,结果一旦遇到困难,稍微有一点挫折,就很容易动摇自信,害怕挑战,害怕暴露自己的"没那么聪明"。

真实案例: 鼓励孩子的努力和过程,让他们更有自信

斯坦福大学心理学家德威克(Carol Dweck)及其研究团队,曾经在纽约的20多所学校,对400多名学生进行了一个非常著名的实验,清晰地揭示了不同夸奖方式带来的巨大差异。

- 第一轮

所有孩子都做了一个非常简单的智力拼图测试,人人都能顺利完成。

完成后,研究人员把孩子们分成两组:一组被夸"你真聪明"(表扬结果和天赋)。另一组被夸"你很努力"(鼓励过程和努力)。

- 第二轮

让孩子们自由选择下一组测试,是继续简单题,还是挑战更难的题目。被夸聪明的一组,大部分选择继续简单题。被鼓励努力的一组,大部分愿意挑战更难的题。

- 第三轮

所有孩子都被安排做非常难的题目,并体验失败。结果,

被夸"聪明"的孩子更容易情绪低落、自我怀疑;而被夸"努力"的孩子则普遍认为,失败只是暂时的,可以继续尝试。

● 第四轮

再次回到简单题目。惊人的结果出现了:被夸"努力"的孩子,成绩比第一轮平均提高了30%;而被夸"聪明"的,成绩反而退步了20%。

这个实验清晰地告诉我们:表扬孩子的天赋和结果,会让孩子害怕失败;鼓励孩子的努力和过程,才能真正让孩子拥有面对困难的勇气和成长的力量。

解决方法: 三步走

那么,如何才能将夸奖这剂"良药"用得恰到好处呢?核心在于,将我们的关注点从"结果"转向"过程",从"评判"转向"描述"。

第一步: 描述事实,而非评价个人

有效的夸奖,始于一双善于观察的眼睛。我们要学会像一个"解说员"一样,客观地描述我们看到的事实。

错误示范:"你画得真好!"(这是评价)

正确示范:"我看到你这幅画用了红色和黄色,这让画面看起来很温暖。"(这是描述事实)

当孩子听到的是具体、客观的描述时,他会感受到自己的行为被真实地看见了,这种"被看见"本身就是一种深刻的认可。

第二步:肯定努力,而非夸赞天赋

将夸奖的焦点,从"你是什么样的人"转移到"你做了什么事"上。

错误示范:"你数学真有天分!"

正确示范:"为了解出这道难题,你尝试了好几种方法,这种坚持不懈的精神真的很棒。"

这样的夸奖,是在告诉孩子:你的成功,来源于你的努力、策略和坚韧这些可以由自己掌控的品质,而不是虚无缥缈的天赋。

第三步:探寻感受,而非给予结论

最高级的夸奖,是引导孩子自己说出他的感受和收获。

错误示范:"你成功了,一定很骄傲吧!"(这是替孩子下结论)

正确示范:"完成了这么大一个拼图,你现在感觉怎么样?"或者"你是怎么想到用这个方法的?跟我讲讲你的思路吧。"

通过提问,我们不仅表达了对孩子的好奇和兴趣,更是在引导他进行自我复盘,强化成功的内在体验,这份体验将成为他产生自信感的基石。

随时可用的"家庭工具包"

- "努力放大镜"游戏

每天晚上,和孩子一起用"放大镜"寻找当天彼此"最努力的一件小事",并互相描述给对方听。

- "成长型语言"提醒卡

在家里贴几张小提示卡,写上"夸过程,不夸聪明""夸努力,不夸结果",时刻提醒自己使用正确的夸奖方式。

小结

科学的夸奖,不是一句随口的"你好棒",而是有意识地:描述事实,而非评价;肯定努力,而非天赋;探寻感受,而非结论。

只有这样,夸奖才能真正成为滋养孩子内在力量的源泉,让他成长为一个既有勇气面对挑战,又能从努力中获得快乐的、真正自信的人。

今日小作业

请试着在一天之内,找到至少两次机会夸孩子:不夸结果,只描述孩子努力的过程;不空泛地说"你真棒",而是用具体的细节描绘孩子的认真、坚持或者思考。

坚持一段时间,你会看到孩子内心发生真正的变化。

03 孩子对老师的批评太敏感,如何提升他的抗挫折能力?

场景复现

很多家长都会遇到这样的担忧:"孩子被老师稍微批评一下,就闷闷不乐、反复琢磨,甚至一蹶不振。尤其是在 6~12 岁这个阶段,老师的评价仿佛就是'圣旨',一句话就能决定他一整天的心情。"

我们一方面心疼他的脆弱,另一方面又深深焦虑:"如果连这点小挫折都承受不了,未来他该如何面对更复杂的世界?"

心理学透视

孩子之所以对批评如此敏感,根源在于他内在的"情绪复原力"尚未建立起来。情绪复原力,是指一个人从挫折、失望等负面情绪中恢复过来的能力。对于学龄期的孩子来说,这方面还很薄弱。

这个年龄段的孩子,思维方式很典型:

事情不好→我这个人不好。

别人说我不好→我真的不好。

尤其是来自权威人物——比如老师——的评价,孩子往往会认为是对自己的全面否定。

这是因为：自我认知尚未独立成熟。

孩子还无法区分"我做错了一件事"与"我是个不好的人"是两回事，他们往往把具体事件和自我价值混为一谈。

孩子一方面对权威依赖心理强烈。在孩子心中，老师的地位非常高大，很难客观看待老师的评价。

另一方面缺乏批判性思维。这个阶段的孩子倾向于"非黑即白"的思维模式：不是好人就是坏人，不是对就是错，很难辩证看待别人的评价和行为。

所以，孩子的敏感不是因为他想太多，而是认知发展阶段的正常特点。

真实案例：在过家家游戏中培养孩子的辩证思考能力

我女儿小时候也有一段时间特别在意老师的每一句评价。有一次，她因为作业字迹潦草被老师批评了，回家之后情绪低落，反复念叨："老师说我字写得很糟糕，我是不是根本就不行？"

我没有直接否认她的感受，而是陪她玩了一个过家家游戏。我们设定了一个故事情节：小猫不小心弄坏了小狗的画，小猫该怎么办呢？是捡起来修补？重新画一幅？还是假装没发生？

在讨论每个选项时,我引导她思考:"你觉得小猫这样做,好不好?为什么?"

在讨论中,她逐渐明白:好人也会做错事,做错一件事不代表整体不好;别人的批评是针对具体行为,而不是对整个人的否定。

从那之后,每当老师再批评她时,她能更快地分辨出:"老师只是说我这个地方做得不好,不是说我整个人不好。"她内心的"天气预报系统",开始有了自我调节的能力。

解决方案:三步走

要帮助孩子走出对批评的过度敏感,我们可以分三层逐步深入。

第一步:先接纳情绪,再分离事实

当孩子因被批评而难过时,我们的首要任务是接纳他的情绪,而不是急于讲道理或否定。我们可以这样做:

- 共情感受

首先要认可他的情绪,可以说:"被老师批评了,你现在一定觉得很委屈,对吗?妈妈理解你。"先让他感到安全,情绪才有机会平复。

- 分离事实与感受

等他情绪稍缓,引导他区分事实和感受。"我们一起来看看,老师批评的是'你作业字迹潦草'这件事(事实),这件事让你感觉自己'不是个好学生'(感受),是这样吗?"这个过程能帮助他从"我整个人都不好"的灾难化思维中抽离出来。

第二步: 重构认知,练习"批评翻译"

这是帮助孩子建立心理韧性的关键一步。我们要引导他从批评中提取出积极、有建设性的信息:

- 探寻正面动机

和他一起探讨:"你觉得老师批评你,是想伤害你,还是希望你把字写得更工整,让卷面更漂亮呢?"帮助他理解批评背后的善意。

- 进行"批评翻译"

像玩游戏一样,和他一起把那句让他难受的批评,"翻译"成一句描述事实并带有积极期望的话。例如,把"你怎么又迟到了"翻译成"老师希望我明天能准时到校",这能极大地降低批评带来的伤害感。

第三步: 强调行动,将挫折转化为成长机会

在孩子能够客观看待批评后,将焦点引向未来的行动,让他重新获得掌控感。我们可以这样引导:

- 探讨解决方案

温和地问他:"既然我们知道了老师希望我们把字写工

整,你觉得我们可以做些什么来改善呢?比如,要不要换一支更好写的笔,或者每天练习写字10分钟?"

● 肯定内在价值

确认孩子的个人价值。"记住,做错一件事不代表你是个坏孩子。就像小猫打碎了花瓶,它依然是一只好猫。你永远是爸爸妈妈心里最棒的孩子。"

随时可用的"家庭工具包"

● 家庭情景剧场

和孩子玩"过家家",设定各种情境,比如"小猫做错事了怎么办?",引导孩子在轻松的氛围中学习分辨行为和自我。

● 拆解成三个问题

每次孩子被批评后,引导他用三个问题冷静拆解:这次老师批评的是什么行为?这件事有什么地方可以改?我的整体价值有没有因为这个小错误而改变?(答案当然是没有!)

● "好人也会犯错"故事会

定期一起看绘本、历史人物故事,讲述那些优秀的人也有犯错和被批评的时候,让孩子明白错误是成长的一部分。

● 家庭"小小辩论会"

不时一起探讨一些小问题,比如:"如果一个人做错了一件事,他还是好人吗?"培养孩子灵活思考和独立判断的能力。

小结

孩子对老师的批评特别敏感,是因为他的自我认知和情绪复原力尚在建立之中。家长需要做的,不是简单地安慰或否定,而是要耐心引导他:接纳自己的情绪,重构对批评的认知,并慢慢学会批判性地思考。

随着时间推移,孩子会逐渐形成稳定、独立的自我评价体系,不再轻易被外界评价所左右。

今日小作业

下次当孩子因为被批评而感到难过时,请尝试用"批评翻译"的方法来引导他。

和他一起,把那句让他难受的批评,"翻译"成一句描述事实、并带有积极期望的话。例如,把"你怎么又迟到了!"翻译成"老师希望我明天能准时到校"。观察一下,这个小小的语言游戏,是否能帮助他更快地从负面情绪中走出来?

04 如何帮助孩子应对考试焦虑,稳定发挥?

场景复现

很多家长都会遇到类似的困惑:"我的孩子其实挺上进、挺努力的,但每到考试前就非常焦虑。考试的时候因为紧张又发挥失常,成绩一出来,孩子自己情绪崩溃,家长也不知道该怎么安慰,更不知道该怎么引导。"

在这个过程中,家长常常感到非常心疼——因为孩子不是不努力,也不是不用功,甚至可以说已经有了很不错的学习自驱力,但恰恰因为太在意,太想要好成绩,反而让自己陷入焦虑,难以正常发挥。

心理学透视

要理解考试焦虑,我们首先需要认识到,适度的焦虑并非坏事。心理学上有一个著名的"耶克斯-多德森定律",它揭示了焦虑水平与办事效率之间的关系:

焦虑水平过低,人会缺乏动力,效率低下。

焦虑水平适中,人会注意力集中,动力十足,效率最高。

焦虑水平过高,则会干扰思维,导致效率急剧下降,发挥失常。

孩子压力大的原因是目标感模糊,导致内心没有支撑点。孩子知道自己要"考得好",但"好"究竟意味着什么?是年级前10?班级前5?还是达到某一科目的具体分数?如果目标不够清晰,孩子在临近考试时就会焦虑,因为他不知道自己到底有没有准备好,或者对要达成的目标没有具体的认知。

当孩子心中没有明确的目标时,他更容易把一次小考试、一次失误视为"全盘皆输",认为自己"完蛋了""一切努力白费了",从而陷入情绪崩溃。把偶发性失败过度放大。

孩子虽然有学习的动力,但没有学会如何管理压力和情绪,每次都硬抗,最后只能崩溃。

真实案例: 把目标聊清楚,让孩子有支撑感

我有一个朋友,她儿子小宇(化名)就是这样一个典型例子:平时学习非常自觉,努力刻苦,成绩也算不错。但每到考试前几天,他就会心跳加快、情绪低落,常常对妈妈说:"妈妈,我又不行了,我很紧张,我觉得自己完了。"

甚至在平时没有考试的时候,这个孩子也总是处于一种焦虑压抑的状态,觉得学习没有意义,觉得自己怎么努力都不够好。

我问朋友:"你们平时有没有和孩子聊过目标?"

她说:"不敢聊,怕一聊孩子压力更大。"

事实上,不聊反而让孩子失去了方向,只能凭空想象自己必须"完美",一有小瑕疵就无限放大。

后来我建议她坦诚地和孩子聊一聊对未来的设想,比如想考哪所高中。根据目前的成绩评估,告诉孩子现状和目标之间的真实差距。

如果真的存在差距,帮助孩子拆解具体的行动计划;如果差距不大,鼓励他把心态放平,正常发挥就好。

之后孩子有了明确的努力方向,知道"保持现有水平就可以",反而压力小了很多。即使偶尔有小考失误,也不会再陷

入自我怀疑的情绪漩涡。

解决方案：三步走

要帮助孩子将考试焦虑控制在"最佳区域"，我们需要对他进行"考前、考中、考后"的全流程辅助，帮助他看清目标、管理情绪、总结经验。

第一步：考前把目标讲清楚，拆分好

把目标具体化，如"数学保持在 90 分以上，英语保持在 85 分以上"，而不是模糊地说"考好一点"。

把目标拆分成一个个小任务，考虑重点攻克哪些薄弱环节。

告诉孩子："考试紧张是正常的，适度紧张能帮助你集中精力，不用害怕。"

第二步：考试后正视成绩，冷静复盘

如果成绩没有达到预期，先稳定情绪，不急着批评或讲道理。

和孩子一起分析问题的原因：是知识点没掌握？是考试时间安排不好？还是情绪影响了发挥？

明确下一步行动，而不是沉溺于情绪。

第三步：帮助孩子建立应对挫折的经验库，将"失败"变成"经验"

分享你自己工作中、生活中遇到失败和压力时是怎么应对的。告诉孩子一次考试只是成长过程中的一个事件，不代表全部。

随时可用的"家庭工具包"

● 考前"目标清单"小卡片

考前和孩子一起列一张简单清晰的"考试小目标清单"，比如每一科的分数目标或发挥重点，让孩子心里有数，心态更稳定。

● "压力值打分"小游戏

考前每天晚上请孩子给自己当天的紧张程度打个分（比如0~10分），分数高时，可以做深呼吸、听轻音乐、运动一下，帮助情绪释放。

● 考后"三步复盘"

确认事实（这次考试整体怎样？）；分析问题（失误出在哪里？）；制定调整计划（下一步要怎么做？）。

● 情绪日记

鼓励孩子在考试的这段时间简单记录每天的心情，用文字把焦虑释放出来，降低情绪堆积。

小结

孩子在考试期间感到压力大、焦虑紧张,并不是因为他"不够努力",恰恰是因为他太在意、太想做好了。

家长要做的不是简单的鼓励或者忽视,而是要引导他看清目标、接纳情绪,并从每一次考试中理性复盘,稳步成长。

让每一次考试,都成为孩子锻炼心理韧性、提升情绪管理能力的宝贵机会。

今日小作业

抽时间和孩子进行一次真诚的"目标对话",聊一聊以下几个话题:

未来一段时间(比如这学期末),你最想达到的一个具体、可衡量的目标是什么?

为了这个目标,我们这周可以先做哪一件小事?

如果中途遇到困难,你希望我怎么帮你?

哪怕只是简单聊一聊,都能大大缓解孩子内心的模糊焦虑感,为他提供稳定而清晰的心理支撑。

05 如何让孩子看见自己的闪光点，建立自信？

场景复现

很多家长都会因为孩子"没自信"而焦虑：在班级里不敢举手发言，在人前容易害羞、怯场，遇到机会也总是习惯性地后退。家长看在眼里，急在心里，尝试了各种鼓励和夸奖，孩子却依然觉得自己"不行"。

"到底要怎么做，才能让孩子真正看见自己的闪光点，从内心深处建立起自信呢？"

心理学透视

要理解自信的来源，我们首先需要知道，真正的自信，不是靠空洞的夸奖，而是靠一次次真实的成功体验"养"出来的。心理学家阿尔伯特·班杜拉提出了一个关键概念——"自我效能感"。

自我效能感，指的是一个人对自己是否有能力完成某项任务的信念。它不等于"自信"，但却是自信最坚实的内核。一个自我效能感强的孩子，会相信："虽然这件事有难度，但我可以通过努力做到。"

很多家长试图通过"你好棒！你太聪明了！"的夸奖来给孩子注入自信，但这往往适得其反。因为孩子能敏锐地分辨出空泛的吹捧,当这种夸奖与他的自我感受不符时,他反而会觉得:"你在骗我,我根本没那么好。"

因此,培养自信的根本路径,是帮助孩子在一次次具体的行动中,积累起"我能行"的真实体验,从而构建起强大的自我效能感。

真实案例: 一次争取"每周之星"的成功体验

我女儿小时候,学校里有一个非常有趣的激励机制:每周评选一位"每周之星",可以拿到一只象征荣誉的小熊公仔。

她其实特别想拿到,但因为性格内向,一直没有被选上,内心很沮丧,曾经小声跟我说:"我知道小熊永远不会轮到我……"

我没有急着安慰她"你已经很棒了",而是将她的渴望转化成一个可以行动的目标。我一步步帮她具体分析:

"怎么样才能被选为每周之星?"(需要同学提名)

"谁可能是你的好朋友,愿意支持你?"(列出能帮她提名的人选)

"要不要试着去向他们表达你的愿望?"(引导她去主动争取)

她鼓起勇气去和同学沟通后,果然在下一周成功拿到了小熊。这次成功,让她真正体会到:"原来通过我自己的努力,真的可以实现目标。"从此之后,她在学校里的表现明显更加主动,社交上也更放松了。

解决方法:三步走

从这个案例中我们可以看到,自信的建立是一个"由外向内"的过程:从外部环境的支持,到具体行动的成功,再到内在信念的形成。我们可以从以下三个方面着手,为孩子搭建一个自信的"成长阶梯"。

第一步:搭建"支持性"环境,让孩子敢于迈出第一步

对于一个不自信的孩子来说,一个安全、正向的环境至关重要。家长可以帮助孩子:

- 寻找正能量群体

可以为孩子选择一些氛围积极的团队活动,如运动队(篮球、足球)、表演社团(戏剧、朗诵)等。在这些环境里,鼓励和团队合作是常态,孩子更容易受到感染。

- 创造"微展示"机会

在家庭聚会或小型活动中,鼓励孩子承担一个小小的角色,如"小小主持人"或"才艺表演者"。关键是,无论他表现如何,只要他敢于站上台,就给予最温暖的肯定。

第二步：设定"成功小目标"，让孩子在行动中获得胜任感

自信是在一次次"我做到了"的体验中累积起来的。家长可以这样引导孩子：

● 拆解目标

帮孩子设定一个非常具体、非常小的目标，比如从"在课堂上发言"拆解为"今天课堂上只要举一次手，就算成功"。

● 奖励行动，而非结果

"今天老师提问时，只要你敢举手，不管有没有被点到，回来妈妈就给你一个'勇敢勋章'！"当孩子第一次紧张地举手，但一秒就放下时，我们依然要兑现承诺。这会让他体验到"只要我敢尝试，就会有回报"，从而激励他下一次的行动。

第三步：给予"具象化"反馈，让孩子清晰地看见自己的闪光点

空洞的夸奖无法建立自信，具体、真实的反馈才可以。可以参考以下两个办法给予孩子反馈：

● 描述过程

当孩子完成一件事后，不说"你真棒"，而是描述他的努力过程："我看到你为了完成这道题，在草稿纸上演算了好几遍，真的很专注。"

- 指出亮点

指出他成果中的具体优点:"你这篇作文的开头写得特别好,第一句话就吸引了我。"

这样孩子才能从细节中认识到:"哦,原来我努力的地方在这里,别人真的看见了。"这种"被看见"的感觉,会内化为他对自己能力的确认。

随时可用的"家庭工具包"

- 微小目标卡

帮孩子列出短期、具体、可实现的小目标。比如,"明天朗读课文不结巴",完成一个划掉一个,积累信心。

- 正能量社交地图

为孩子寻找2~3个正能量同伴或正向环境,每周进行一次正能量社交,持续接触正面榜样。

- 成果记录本

记录每一次努力→成果的小故事,比如"我鼓起勇气问老师问题了","我在小组讨论中发言了"。

- 冷启动陪伴

遇到孩子不敢迈出第一步的情况时,家长陪伴引导一遍(比如社交、演讲、运动报名),降低他的心理门槛。

小结

孩子的自信,不是靠说教"灌"出来的,也不是靠夸奖"堆"出来的。它是在正向的环境熏陶、具体的小目标达成,以及真实有效的反馈累积中,一点点"长"出来的。

只有这样,孩子才能真正建立起强大的自我效能感,在面对未来各种挑战时,心里有底气、有力量。真正的自信,是从每一次微小的成功中,慢慢开出的花。

今日小作业

请和孩子一起,共同完成一次个人"闪光点"的回顾。

在睡前,和孩子聊一聊:"今天有没有哪一件事,你觉得自己做得特别棒,或者你特别努力?"引导他说出具体的事件和自己的感受。如果他想不起来,你可以帮他回忆一个你观察到的闪光点。这个小小的仪式,是在帮助他练习"看见"自己的优点。

三 生活习惯与人际交往

01 孩子不肯做家务,如何培养他的家庭责任感?

场景复现

很多家长在培养孩子做家务这件事上,都会陷入一个两难的困境:我们要求孩子帮忙,他总是不情不愿。在这场关于家务的"博弈"中,家务被当成一种"交易"。想用奖励来激励孩子,又担心会让他变得功利,感到既困惑又疲惫。

心理学透视

家长内心首先对"谁做家务"的认识很模糊。很多家长虽然嘴上说希望孩子多做家务,但内心潜意识里依然认同:"学习才是孩子的正事,家务应该由大人包办。"孩子能敏锐感受到这种矛盾,所以自然对做家务不上心,甚至会觉得:"这是爸妈的事,不是我的事。"

如果频繁用物质奖励(比如"做完给糖吃""做完记积分换礼物"),孩子容易形成外在动机——为了得到奖励而做事,而不是出于责任感或内在意愿。一旦奖励取消,孩子很可能立刻拒绝继续做。

真实案例：从"帮妈妈"到"我是家庭一份子"

有一次，我正忙着洗碗，就顺口叫我儿子："宝宝，快来帮妈妈递一下碗！"他一脸懵地看着我，很犹豫——因为我之前总是自己做，从未让他真正参与过。

我马上调整了方式。我没有用"商量式"的请求（比如"你能不能帮帮妈妈？"），而是用一种自然且需要协作的语气说："快来帮我递一下这个碗，我两只手都占满了！"让他明白，这不是"选择性帮忙"，而是家庭成员间的自然协作。

在他递过碗后，我及时地表达了具体的感谢："太谢谢你了！要不是你及时递过来，这个碗可能就摔了。你帮了妈妈一个大忙！"

慢慢地，儿子在日常生活中变得越来越主动，经常会自己跑来问我："妈妈，还有什么我可以帮忙的吗？"这个过程中，我没有给过他任何物质奖励，但他从"被需要"和"被感谢"中，体会到了作为家庭一份子的成就感和责任感。

解决方案：三步走

要让孩子从内心接纳并主动承担家务，关键在于我们的引导方式。我们需要从改变观念开始，通过巧妙的互动，激发他的内在责任感。

第一步： 观念重塑，将家务定义为"家庭贡献"

家长首先要清楚地认识到，做家务不是"帮妈妈"，也不是额外的负担，而是每个家庭成员为共同生活环境做出的一份"贡献"。家长可以这样让孩子参与家务：

- 改变措辞

避免说"来帮妈妈做家务"，而可以说"我们一起来把家里收拾一下吧"或"轮到你为家里做贡献啦"。

- 自然地提出协作请求

用"我需要你帮忙……"的语气，让孩子感受到自己是被需要的，而不是被命令的。

第二步： 任务分解，从"微贡献"开始积累成就感

初期不要一上来就让孩子承担复杂的任务，如洗一堆碗、做一桌菜。这会让他产生畏难情绪。家长可以让孩子从"微贡献"开始积累成就感：

- 任务从简

从递东西、擦桌子、整理自己的玩具等小事做起。

- 强调协作

邀请他参与到你正在做的事情中，比如："我扫地，你帮忙把垃圾撮起来好吗？"让孩子在力所能及的"微贡献"中，逐步积累起"我能行"的自信和成就感。

第三步： 精神反馈，用"具体感谢"代替"物质奖励"

要激发孩子的内在动机，精神上的满足远比物质奖励更有效。我们可以这样做：

- 感谢要具体

夸奖要聚焦在孩子的实际贡献上，不说抽象的"你真棒"，而说："谢谢你帮忙整理餐具，现在餐厅看起来干净多了，吃饭的心情都变好了！"

- 强调他的价值

让他明白他的付出对家庭的积极影响。"你帮忙照顾弟弟，妈妈才能安心完成工作，你真是妈妈的好帮手。"

让孩子从帮助他人、被感谢中感受到快乐和价值感，这才是最持久的动力源泉。

随时可用的"家庭工具包"

- "家庭贡献"角色扮演

给孩子一个有趣的"家庭职位"，如"首席餐具整理官""客厅秩序维护员"，让他对自己的任务产生身份认同感，让任务具有趣味性。

- "我能行"家务清单

和孩子一起制作一张他力所能及的家务清单，让他自主选择每天要完成的一两项家务,培养他的自主性和掌控感。

● 家庭协作日

每周设立一个家庭协作日,全家一起大扫除或整理。结束后,可以一起吃点心、看电影,庆祝"团队"的共同成果,而不是对个人进行奖励。

● 感谢便利贴

在冰箱或留言板上,家人之间可以互相留言,写下对彼此付出的感谢。让感恩和肯定的气氛在家庭中流动起来。

小结

培养孩子做家务,不是靠物质奖励来驱动,也不是靠喋喋不休地说教。而是通过正确的观念、自然的要求、具体的感谢和真实的成就感,让他逐渐内化出对家庭的责任感和对劳动的热爱。

让他明白,为家付出,本身就是一种幸福。

今日小作业

选择一件简单的家务,用平等的语气,告诉孩子"我需要你协作",邀请孩子一起完成。

比如:"我正在准备晚饭,你能帮我把蔬菜拿到水池边吗?"在他完成后,请真诚地、具体地感谢他对家庭的贡献。感受一下,当他被视为一个"合作者"而不是"小工"时,他的反应会有什么不同？

02 孩子休息时只爱打游戏，不爱户外运动，我该怎么办？

场景复现

很多家长都会在周末或假期，看到这样一幅令人焦虑的画面：孩子像"长"在了沙发上，双眼紧盯屏幕，手指飞快地在游戏世界里驰骋。而窗外阳光正好，你无论怎么劝说、催促，他都对户外运动提不起丝毫兴趣。

我们在和一台精密的游戏机争夺孩子的注意力，且总是输的那一方。家长不禁感到无力和担忧：孩子会不会就此沉迷网络，与真实的世界脱节？我们到底该如何把他从虚拟世界里"拽"出来？

心理学透视

在与游戏"抢人"之前，我们首先要明白，电子游戏的吸引力是符合人类大脑天性的。游戏设计者利用了大脑的"多巴胺奖赏回路"：即时的反馈、升级的快感、不可预测的奖励。这些都会刺激大脑分泌多巴胺，让人产生愉悦感。相比之下，户外运动的快乐反馈则要延迟和间接得多。

因此，孩子爱打游戏，不爱运动，不是因为他"懒"或"有问题"，而是他的大脑选择了更容易获得快乐的路径。

第三章 6~12岁：从他律到自律，建立孩子的自驱力

此外，很多研究（包括我们之前提到过的美国大型纵向研究）都显示，孩子的上网时间与学习成绩之间并无强相关性。问题的关键，不在于"玩不玩游戏"，而在于孩子能否建立起良好的自我控制能力，在虚拟与现实之间找到平衡。

真实案例：一次关于 iPad 的"权力交接"

以我家儿子为例。暑假期间，他可以自由地安排自己使用电子产品的时间，我们基本上不干涉，只要求他不能影响视力和必要的学习任务。

开学后，我没有直接收掉他的 iPad，而是选择和他沟通："新学期开始了，你希望我帮你管理 iPad，还是你自己来控制使用时间？"他当然选择了自己控制。于是我们达成协议：他自己负责完成每天的作业，如果出现无法自控的情况，就主动交由我来管理。

一开始，他确实能做到自律。但大约一个月后，开始出现作业拖拉、晚睡的问题。这时，我提醒他："我们约定过，如果控制不了，可以让我帮忙。"他同意了，于是我们切换到"由我保管 iPad，等他完成作业后领取"的方案。两个月后，他感觉自己可以再次尝试自控，于是又拿回了自主权。

这整个过程，就是孩子学习自律的过程。自律的形成不是一蹴而就的，而是在"自控—失控—他控—再自控"的反复练习中，逐步培养的。

解决方法：三步走

要帮孩子在游戏和运动之间找到平衡，强行禁止往往会适得其反。"堵不如疏"：既要帮他建立对电子产品的自控力，更要让他体验到户外运动的独特魅力。以下三步可以帮助孩子逐步建立自控力。

第一步：授权与立规，培养孩子对电子产品的"自控力"

我们的目标不是禁止孩子玩游戏，而是培养孩子的自我管理能力。家长可以尝试和孩子进行沟通：

- 赋予选择权

和孩子明确约定："是你自己管理游戏时间，还是需要家长辅助管理？"让他参与到规则制定中来，这更能激发他的责任感。

- 设定结果导向的规则

不限制"玩多久"，而是规定"必须先完成什么"（如作业、阅读任务）。当他完成了自己的责任，游戏时间就是他应得的放松。

- 接受反复，动态调整

允许孩子经历"自控—失控"的过程。当他失控时，及时介入，切换到家长辅助管理的模式；当他准备好时，再次将自主权交还给他。

第二步：升级体验，让户外运动比游戏"更好玩"

要让孩子主动走出家门，我们必须让户外运动变得更有吸引力：

- 增加新奇感

不断更换运动内容，保持新鲜感。今天骑行，明天打球，后天玩飞盘，周末去徒步或攀岩。

- 强化社交属性

引入同伴机制。约上邻居、同学一起玩，或者参加运动营。对于孩子来说，"和朋友一起"本身就具有巨大的吸引力。

- 创造"高光时刻"

在运动中给予孩子成就感。比如，当他投中一个球时，真诚地为他喝彩；或者让他当"小教练"，教你一个动作，让他体验到被需要和被认可。

第三步：榜样示范，父母的行动是最好的引导

如果我们自己整天躺在沙发上看手机，却要求孩子去运动，这种说教是毫无力量的。我们可以尝试：

- 亲子共玩

家长自己先动起来，邀请孩子加入。和孩子一起打球、一起骑行，让运动成为亲子互动的愉快时光。

- 享受过程

在运动中,多关注乐趣和过程,而不是竞技和结果。让孩子感受到,运动本身就是一件快乐的事。

随时可用的"家庭工具包"

- "自控力"训练协议

和孩子共同制定一份关于电子产品使用的协议,明确双方的责任和失控时的应对方案,白纸黑字,增加契约感。

- "户外运动"盲盒

准备一个盒子,里面放上写着不同户外活动的纸条(如骑行、飞盘、爬山、野餐)。每周让孩子抽取一次,用"开盲盒"的惊喜感增加运动的吸引力。

- "高光时刻"记录本

为孩子准备一个本子,专门记录他在运动中取得的每一个小进步(如"今天我学会了游泳换气""这次徒步我坚持走完了全程")。

- 家庭运动日

每周固定一个"家庭运动日",全家一起进行一项户外活动。让运动成为一种充满期待的家庭仪式。

小结

孩子喜欢电子产品,是这个时代的正常现象。我们的任务,不是与游戏为敌,而是引导孩子学会时间管理,并帮助他发现真实世界中同样有趣甚至更有趣的体验。

请记住:自律不是一天练成的,需要反复训练;喜欢运动需要"被吸引"而不是"被强迫";父母的陪伴和积极示范,远比单纯的规定更加有效。

"真正好的陪伴,不是掌控孩子的世界,而是引导他们在世界中学会掌控自己。"

今日小作业

请在本周,和孩子一起策划并执行一次"新奇"的户外活动。

这个活动最好是他从未体验过的,比如玩一次飞盘、去一个没去过的公园探险,或者学习一项简单的滑板动作。关键在于"新奇"和"共同参与"。

感受一下,当户外运动变得有趣时,孩子对它的态度会有什么变化?

03 孩子在学校交不到朋友,我该怎么办?

场景复现

很多家长都会在某个时刻,从孩子落寞的眼神或不经意的一句"没人跟我玩"中,捕捉到他社交困境的信号。我们看着他在集体活动中总是独自一人,或者开学很久了,依然没有一个能一起玩耍的好朋友,心里不禁泛起一阵阵焦虑和心疼。

这种感觉,就像看着自己的孩子站在一扇热闹的派对大门外,他很想走进去,却不知道如何推开那扇门。我们既怕他一直孤单下去,影响性格发展,又不知道该如何伸手,才能帮他一把,而不至于"越帮越忙"。

心理学透视

在为孩子焦虑之前,我们首先需要理解,对于学龄初期的孩子来说,交朋友本身就是一项复杂的"高阶技能"。它需要孩子同时具备情绪调节、语言表达、换位思考和解决冲突等多种能力。

特别是对于性格偏内向、慢热的孩子,他们需要更多的时间来观察和建立信任感。如果此时家长过度催促或给出错误的指导(如"勇敢点,上去跟他们说话!"),反而会增加孩子的"社交焦虑",让他把交朋友这件事和压力、恐惧等负面情绪联系在一起,从而更加退缩。

心理学上的"观察性学习"理论告诉我们,孩子的很多社交技能是通过观察和模仿来习得的。因此,我们最好的角色,不是一个催促的"教练",而是一个耐心的"向导",可以通过示范和情景演练,帮助他找到那把推开友谊之门的钥匙。

所以,交不到朋友不代表孩子有问题,也不代表家长要立刻出手干预。

真实案例:一次失败的求助与一次成功的融入

小静(化名)在向我做咨询时,分享过她童年的经历。她小时候因为性格慢热,在学校里交朋友很慢。有一次,她鼓起勇气向妈妈倾诉自己的孤单,结果妈妈的第一句话却是:"你自己反省一下,是不是做错了什么?"这句话像一根刺,深深地扎进了她的心里,她从此再也不愿意向妈妈袒露心事。直到成年后,她仍然记得那种失落和孤独感。

而我自己也有类似的经历。小时候转学到新环境,我一开始也没有朋友,感到很孤单。但我没有急着冲进人群,而是选择了观察。我在操场上看到几位同学玩捉迷藏,便在旁边安静地看着,适时地搭了几句轻松的话。慢慢地,当他们需要人手时,会主动邀请我加入。

这次自然加入的经历,让我体会到:交朋友需要时间、观察和耐心。

解决方案:三步走

要帮助孩子推开友谊之门,我们不能硬推,可以尝试以下三步。

第一步:先接住情绪,再谈方法

当孩子向你表达孤单时,这是他信任你的信号。请一定先接住他的情绪:

- 承认感受

不要急着分析或批评,而是温柔地回应:"你觉得孤单,很难过,对吧? 妈妈能理解你。"

● 分享经历

可以分享自己小时候类似的经历,让孩子知道孤单是成长中很正常的一部分,他不是一个人在面对。

情绪先被接住,孩子才有力量去尝试新的社交。

第二步: 教他"如何看",而不是"如何说"

很多家长会教孩子"上去问他们能不能一起玩",但这很容易让内向的孩子被拒绝,从而更受打击。更智慧的做法是教他"观察":

● 观察游戏内容

用这样的话引导孩子:"你看,他们在玩什么游戏? 规则好像是……"

● 观察团队氛围

带着孩子观察氛围:"他们玩得好像很开心,那个穿红衣服的小朋友笑得最大声。"

● 观察加入时机

告诉孩子,在合适的时机,他也可以加入:"等到游戏暂停、换人或者需要帮忙的时候,就是我们加入的好机会。"

让孩子明白,融入一个圈子,是找到机会"顺势而为",而不是强行闯入。

第三步： 情景演练，做他的"社交陪练"

理论学完，需要实践。我们可以带孩子到真实环境中去练习：

- 找一个"练习场"

带孩子到小区、公园等有孩子玩耍的地方。

- 家长亲自示范

在旁边和孩子一起轻松地"围观"，并自然地评论："你看他们在跳绳，跳得真好。"甚至家长可以先轻松地搭一句话："你们玩得真开心呀！"

- 尊重孩子的节奏

如果气氛自然，孩子可能会顺势加入；如果他还没准备好，也不要强迫，带他继续观察，等待下一次机会。

通过这样安全的实战演练，孩子心里会更有底，不再把交朋友看作一件可怕的事。

随时可用的"家庭工具包"

- "友谊观察"日记

鼓励孩子每天花 5 分钟，像个小侦探一样，观察班里其他小朋友是怎么一起玩的，并把有趣的发现讲给你听。

- "加入时机"信号灯

和孩子一起讨论出几个可以"加入"的绿灯信号，比如"游戏缺人时""有人需要帮助时",帮他学会识别社交时机。

- "破冰"话题卡

和孩子一起准备几句简单的"破冰"开场白:"你们这个游戏看起来真好玩!""这个玩具好酷,可以看看吗?"减少他开口的压力。

- "家庭社交"演练场

在家庭聚会中,鼓励孩子为你或客人做一件小事,比如帮忙递水果,练习在安全的环境中与人互动。

小结

孩子在小学阶段,社交能力还在慢慢成长。家长要做的,不是催促,不是批评,而是温柔地陪伴,智慧地引导。只要方向对了,孩子最终会拥有属于自己的朋友、属于自己的世界。

"教孩子交朋友,先要教他在孤单时也能安心等待。"

今日小作业

请在本周,带孩子去一个他可能会遇到同龄人的地方(如公园、社区活动中心)。

这次,你的任务不是鼓励他去"交朋友",而是和他一起当一个"观察员"。只是看,只是讨论,只是感受。让他明白,在融入一个新集体前,先花时间去观察和了解,是一件非常正常且重要的事情。

04 孩子总在"察言观色"? 他会不会变成讨好型人格?

场景复现

很多家长都会在某个瞬间,敏锐地捕捉到孩子身上的那种"小心翼翼":他总是特别在意别人的眼光,遇到他人的要求不好意思拒绝,甚至会为了让别人开心而委屈自己。

孩子好像穿着一双不合脚的鞋子,为了适应鞋子,他宁愿磨破自己的脚。我们看在眼里,疼在心里,忍不住担忧:"他总是这样察言观色,会不会慢慢形成讨好型人格?我该怎么帮他学会说'不'?"

心理学透视

孩子习惯于"察言观色",其核心在于他尚未建立起清晰、健康的"个人边界"。个人边界,是心理学上一个重要的概念,它指的是个体感知到的、自我与他人之间的界限。一个边界清晰的人,既能尊重他人,也能保护自己。

容易出现"讨好"倾向的孩子,通常有两种情况:

● 天性高敏感

这类孩子对外界情绪的感知力特别强,一旦察觉到别人的不满或失落,就会本能地感到紧张。他们害怕冲突,希望通过迎合和顺从来缓解自己的焦虑。

● 缺乏安全感

如果孩子长期处于不安全的环境中（如家庭关系变动、新添弟妹等），他会害怕被忽视或失去爱。于是，他可能会无意识地学会用"取悦"的方式，来换取他人的关注与认可。

因此，帮助孩子摆脱"讨好"的困扰，关键不是要让他变得"自私"，而是要教他学会在人际交往中，如何勇敢而智慧地守护自己的边界。

真实案例：从"默默忍让"到"勇敢说不"

茜茜（化名）妈妈曾来找我咨询，她非常担心自己的女儿茜茜。家里刚添了一个两岁的弟弟，他正处于第一个叛逆期，经常无理取闹地抢姐姐的玩具。每次遇到这种情况，茜茜总是默默叹口气，然后把自己的玩具让出去，脸上写满了委屈，却什么也不说。

妈妈看在眼里，急在心里。她问我："田老师，我看着她这么委屈又不敢表达，特别心疼。以后她会不会慢慢变成讨好型人格啊？"

我告诉她，不要急着给孩子贴标签，但一定要抓住这个机会，进行正确的引导，教会她如何设立和表达自己的边界。

解决方法：三步走

要帮助孩子建立健康的个人边界，我们需要像教他学习一项新技能一样,分三个步骤。

第一步:站在孩子的立场,引导孩子勇敢地说"不"

这是建立边界的第一步,也是最关键的一步。当孩子面临不合理的要求时(如弟弟抢玩具),家长需要坚定地站在他身边,告诉他可以拒绝:

- 示范语言

蹲下来,温柔而清晰地在他耳边示范:"宝贝,这是你的玩具,你可以告诉弟弟:'不可以,这是我的。'"

- 肯定尝试

哪怕他的声音很小,或者说得断断续续,都要及时给予肯定:"妈妈听到了你的勇敢。"每一次微小的口头拒绝,孩子内心的力量感都在一点点生长。

第二步:给予支持与鼓励,帮助孩子建立清晰的"个人规则"

当孩子学会说"不"之后,下一步就是教他建立更清晰的规则:

- 明确物权

引导他表达:"如果你想玩,可以问我。我同意了,才可以拿去玩。"

- 家长强化

家长可以在旁边补充,温和而坚定地对另一个孩子说:"姐姐的玩具,要经过姐姐同意,才可以玩喔。"

让孩子从小明白,保护自己的权益是合理的,是被鼓励的。尊重自己,也是尊重别人。

第三步:引导孩子学会变通,教他提出"双赢"的解决方案

拒绝,不等于敌对。我们可以引导孩子在守护自己边界的同时,也传递出善意:

- 提出替代方案

在说出"不"之后,再给出其他选择:"这个我现在想玩,那个可以先借给你。""等我玩十分钟,再给你好吗?"

- 邀请合作

提出新的办法:"或者,我们可以一起玩这个玩具,你觉得怎么样?"

每当孩子主动提出合理的建议时,要及时表扬他的"好主意",让他感受到,合作比单纯的让步或对抗更有力量。

第三章 6~12岁：从他律到自律，建立孩子的自驱力

随时可用的"家庭工具包"

● "我的边界"情景剧场

在家里和孩子模拟一些常见的小场景，比如："同学想借你不愿意借的东西怎么办？"让他大胆练习如何温和而坚定地拒绝。

● "勇敢表达"能量瓶

准备一个透明的瓶子，每次孩子勇敢地表达了自己的需求或拒绝了不合理的要求，就和他一起往瓶子里放一颗漂亮的玻璃珠，让他的"勇敢"看得见。

● "爱的确认"仪式

在日常生活中，经常拥抱孩子，并告诉他："无论你是答应还是拒绝别人的请求，爸爸妈妈对你的爱都不会改变。"让他深刻体会到，爱是无条件的，不是靠牺牲自己换取的。

小结

孩子总在"察言观色"，害怕拒绝别人，并不意味着他一定会发展成讨好型人格。真正重要的是，我们能否及时地引导他：去勇敢地表达感受，去清晰地设立边界，去相信无论自己做何选择，都值得被爱与被接纳。

只要在每一次小小的互动中，用尊重和支持滋养孩子的内心，他终将成长为一个既有温度，也有力量，既能爱别人，也能好好爱自己的人。真正健康的人格，不是让所有人都喜欢，

而是在爱自己和爱别人之间找到完美的平衡。

今日小作业

请和孩子一起,进行一次"勇敢说不"的练习。

你可以扮演一个想借他最心爱玩具的朋友,鼓励他用我们今天学到的方法,尝试对你说"不",并提出一个他认为更好的解决方案。这个过程的关键是轻松、有趣,让他体验到,拒绝并不可怕。

第四章
Chapter 4

12~18 岁： 在风暴与迷茫中，
陪伴孩子寻找自我认同

"田老师,我感觉我的孩子一夜之间变得陌生了。他时而敏感脆弱,时而又叛逆冲动,我完全不知道该怎么跟他沟通了。"这几乎是所有青春期孩子家长的共同心声。

进入 12~18 岁,孩子迈入了人生的"风暴期"。如果说之前的成长是画一条直线,那么青春期更像是在画一个漩涡。他们强烈地渴望独立,却又时常感到迷茫;他们拼命地想证明自己,却又在一次次现实的碰撞中自我怀疑。这种内在的矛盾与冲突,常常以外在的"拧巴"和"不服管"表现出来,让亲子关系变得异常紧张。

一、为什么青春期孩子总是如此"拧巴"？——一场关于"我是谁"的身份危机

这种"拧巴"的根源,来自青春期最核心的发展任务。根据心理学家埃里克森的理论,这个阶段的孩子必须解决"自我同一性 vs 角色混乱"的危机。通俗地说,就是要回答一个终极

第四章 12~18岁：在风暴与迷茫中，陪伴孩子寻找自我认同

问题："我是谁？"

他们需要在这个过程中，完成三项艰巨的内在整合：

● 整合理想与现实

他们心中有一个理想的"我"，但现实中的自己却充满缺点，这种差距让他们感到挫败和自我否定。

● 整合自我与他人

他们迫切地想知道"别人眼中的我是什么样的"，并试图将他人的评价与自我认知结合起来，但这往往会让他们在别人的眼光中迷失。

● 整合过去与未来

他们需要梳理自己过往的经验和能力，并以此为基础，探索未来的人生方向，但这对于一个认知和心智尚未完全成熟的年轻人来说，无疑是巨大的挑战。

二、家长的应对策略——"叙事重构对话"（NDVF）与"智慧边界"

面对青春期的多维度挑战，单一的方法往往力不从心。因此，在本章中，我们将为家长提供一个包含了"深度对话"与"智慧边界"两个层面的策略。

● "叙事重构对话"（NDVF）

当孩子面临关于自我认知、未来规划、价值困惑等深度问

题时(例如中考失利、对未来迷茫),一场有结构、有温度的对话至关重要。

它并非一套刻板的说教流程,而是一张思维地图,通过四个递进的层次,引导我们成为孩子思考的向导,陪伴他穿越内心的迷雾森林:

N(Narrative Analysis):事件分析。帮助孩子客观看待问题,调节情绪。

D(Different Perspectives):视角切换。鼓励孩子打破单一的、负面的自我评价。

V(Value Discussion):价值澄清。引导孩子思考并形成自己真正认同的价值观。

F(Future Planning):未来规划。帮助孩子整合经验,明确未来方向。

● "智慧边界"

然而,并非所有青春期的挑战都需要一场深度对话来解决。很多时候,问题(如情绪爆发、房间脏乱、沉迷网络)的关键,首先在于建立清晰的个人边界和行为规则。此时,强行讲道理只会适得其反。

因此,对于这类问题,我们将提供一系列同样基于心理学原理的、更侧重于行为引导和规则设立的"智慧边界"策略。

三、策略的力量——从混乱到清晰，从他律到自律

在我们的咨询实践中，NDVF 和"智慧边界"策略帮助许多家庭走出了青春期沟通的困境。我的一位朋友小芸（化名），她的女儿西西（化名）在初三时情绪极度不稳，时而因考试失利而痛哭自责，时而又激烈地反抗所有安排。

后来，小芸尝试使用 NDVF 和"智慧边界"策略与女儿对话。她们一起分析考试失利背后的原因，一起想象如果是老师或同学会如何看待这件事，一起探讨成绩和兴趣到底哪个更重要。刚开始西西很抗拒，但几次深入的对话后，她逐渐学会了从多个角度看待自己，内心也变得踏实了许多。半年后，她虽然仍会焦虑，但已经能够独立地规划学习，并主动寻求支持，走上了更自主的成长轨道。

青春期是孩子自我重塑的关键阶段，也是最容易出现冲突和混乱的时期。

在本章接下来的内容中，我们将聚焦于青春期孩子最常见的亲子沟通、自我认知和社会交往三大挑战。我们将用一个个真实的家庭案例，详细拆解在不同场景下，如何灵活运用 NDVF 与"智慧边界"策略。

让我们一起，学习如何用理解代替控制，用引导代替命令，陪伴孩子穿越风暴，在矛盾、怀疑和试探中，一步步找回自我、确认自我、坚定自我，找到真正的自己。

一 亲子沟通与关系重构

01 孩子总是对我发脾气,如何回应"青春期炮火"?

场景复现

很多家长都会在孩子进入青春期后,遭遇突如其来的"情绪炮火":一件小事就能让孩子暴跳如雷,一句话不合心意孩子就恶语相向。我们常常被这猛烈的炮火"炸"得措手不及,心里又气又心疼。

我们好像在小心翼翼地拆一个"情绪炸弹",不知道哪一根线剪错了,就会引爆一场家庭战争。我们既想灭火,又怕火上浇油;既想讲道理,又发现道理在情绪面前毫无作用。我们不禁感到困惑:"我到底该怎么做,才能安全地'拆除'这个炸弹,而不是被它炸伤?"

心理学透视

我们首先要认识到,家,通常是孩子唯一可以卸下盔甲的"情绪安全基地"。孩子在学校、在社会中,需要压抑和伪装自己,遵守各种规则。当他们回到家,面对最信任的父母时,这些积压的情绪就会以最原始、最激烈的方式爆发出来。

这种爆发,背后有两个重要的心理学原因:

- 生理原因

青春期孩子的大脑中,负责情绪反应的"杏仁核"高度活跃,而负责理性控制的"前额叶"尚未发育成熟。再加上体内荷尔蒙的剧烈波动,使得他们天生就容易情绪失控。

- 边界不清

如果在成长过程中,亲子之间的"边界"模糊不清,孩子会无意识地认为"我=我们"。因此,他自己的负面情绪,理所当然地可以由"我们"(即父母)来承担和消化。

所以,孩子对家长发脾气,很多时候不是因为恨,而是因为爱和依赖,以及边界意识的缺失。我们的任务,不是要扑灭他的情绪,而是要智慧地为这份情绪设立一个安全而清晰的容器。

真实案例:大提琴陪练的"边界设定"锻炼了孩子的独立性

有一次,我儿子跑来找我说:"妈妈,我最近大提琴考级了,你能帮我找个陪练老师吗?"

说实话,我内心第一反应是:"自己练练不行吗?"但我没有拒绝,而是平静地回答:"好的,我帮你留意看看。"(不直接拒绝)

然后,我没有立刻行动,而是放着观察。过了两周,孩子又认真来问我:"妈妈你找到了吗?我现在真的很需要。"(确认真实需求)

这时我确定了,他确实有这个需求。于是我开始帮他物色老师,但同时我告诉他:"老师我可以帮你找,但到底适不适合,需要你自己来决定。练习的安排,也得靠你自己管理。"(不主动,不负责)

我只做了"支持者"的角色,而将选择和执行的责任,明确地留给了他自己。通过这种方式,既保护了我的边界,也帮助他锻炼了独立性。当边界清晰了,孩子就很难轻易地将自己的情绪和责任,迁怒或爆发在父母身上。

解决方法: 三步走

要熄灭青春期的"家庭战火",关键在于"战时"的冷静应对和"平时"的边界建设。我们需要像一个高明的战略家,既要处理好眼前的冲突,更要构建长期的和平机制。

第一步: 平时"立规矩",建立清晰的个人边界

在青春期的亲子关系中,最重要的一件事,就是让孩子明白"你的是你的,我的是我的",这包括情绪、责任和个人事务。我们可以这么做:

- 练习当"懒"家长

不要替孩子做应该他自己做的事情,比如整理房间、安排学习计划。

- 提供"有条件"的支持

如果孩子主动请求帮助,可以答应,但要让他自己承担最终的责任。

清晰的边界,就像在两人之间划定了一条安全线,能有效减少因越界而引发的情绪摩擦。

第二步:当下"稳住阵脚",用冷静回应情绪

如果孩子已经开始发脾气,请记住,用情绪对抗情绪,只会火上浇油。我们可以这么做:

- 平静地表达感受

不要吼回去,而是看着他,平静而坚定地说:"你这样对我大吼大叫,让我很难过。""我能理解你很生气,但我也需要被尊重。"

- 适时地物理撤离

说完后,可以转身离开,给自己也给他一个冷静的空间。不要在他情绪高涨时追着讲道理,这只会引发更大的对抗。

第三步:事后"温和复盘",重申规则

冲突过后,修复关系同样重要。我们可以这么做:

- 接受"台阶"

如果孩子后来用搭讪、示好的方式靠近你,比如"妈妈我们一起去吃饭吧",可以顺势而为,恢复亲密感。

- 温和地重申底线

在气氛轻松时,可以补充一句:"妈妈能理解你上次的情绪,但希望我们下次能找到更好的方式来表达,而不是互相伤害。"

反复几次,孩子自然能学会如何表达情绪。情绪可以表达,但需要用尊重彼此的方式。

随时可用的"家庭工具包"

- 情绪暂停卡

当任何一方感到情绪上头时,可以向对方出示一张"情绪暂停卡",约定彼此冷静15分钟后再沟通。这能有效避免在情绪高点时说出伤人的话。

- "我的边界"说明书

和孩子一起,用轻松的方式写下"我的边界"说明书,如"我的房间,请先进门后敲门""我的情绪,我自己负责,但也请你尊重"。

- "我"句式沟通法

练习用"我"开头来表达感受,而不是用"你"开头来指责。

例如,不说"你怎么又对我发脾气",而说"我感到很难过,因为我感觉不被尊重"。

- "家庭责任"分工表

明确划分家务和个人事务的责任,让孩子清晰地知道哪些是自己的事,从而减少因责任不清引发的冲突。

小结

青春期孩子情绪激烈,对父母发脾气并不意味着他们不爱我们。恰恰相反,因为信任,他们才敢在最亲近的人面前,卸下所有防备。

家长能做的,不是压制孩子的情绪,而是要用清晰的边界、冷静的回应和无条件的爱,为他的情绪风暴提供一个安全的港湾。真正成熟的亲子关系,不是控制与服从,而是两个独立个体之间的尊重与支持。

今日小作业

下次当孩子对你表现出不耐烦或发脾气时,请尝试使用"我"句式来回应。

看着他的眼睛,平静地说一句:"当你这样说话时,我感到有点难过。"不做任何评判,只是陈述你的感受。

观察一下,当你把焦点从指责他,转向表达自己时,他的反应会有什么不同?

02 青春期孩子"不服管",如何建立平等对话的桥梁?

场景复现

很多家长都会在孩子进入青春期后,发现家里多了一个"爱唱反调的人":你说东,他偏要往西;你让他学习,他偏要玩游戏;你关心他,他却觉得你唠叨、烦人。曾经那个温顺听话的孩子,仿佛一夜之间变成了浑身带刺的陌生人。

到底应该"管"还是"不管"呢?

心理学透视

青春期孩子的"不服管",本质上是一场关于"权力"的宣告。他们不是在故意作对,而是在用最笨拙的方式,向我们表达一个强烈的信号:"我长大了,我需要独立,我渴望被尊重。"

这场"斗争"的背后,体现了几个不可逆转的生理和心理发展特点:

- 大脑发展的"时差"

青春期孩子的"情绪脑"(杏仁核)发育迅猛,反应激烈;而"理性脑"(前额叶)发育滞后,导致他们常常"情绪上头,理性掉线"。

- 自我意识的觉醒

青春期孩子开始强烈地意识到自己是一个独立的个体，对来自父母的控制和命令，会产生本能的反感。

- 身体与心理的错位

青春期孩子的身体发育超前，身高、力量都接近成人，但心理上依然不成熟，这让他们在"觉得自己无所不能"和"现实中处处碰壁"之间反复挣扎。

因此，"不服管"不是孩子变坏了，而是他在用一种近乎呐喊的方式，争取自己的独立空间。如果我们此时选择用更强的权威去"压制"他，只会引发更激烈的对抗。

真实案例：砸开的房门与关系的重建

小雅（化名）妈妈曾向我分享过她和女儿的故事。她的女儿小雅小时候非常听话，成绩优秀。但到了十四五岁时，突然画风大变，动不动顶嘴、发脾气，甚至因为使用 iPad 的问题与她爆发严重冲突。

有一次，女儿背着她玩 iPad，在愤怒之下，她拿工具砸开了女儿反锁的房门，差点升级成肢体冲突。事后妈妈非常懊悔，那一刻她意识到，用暴力和控制不仅无法解决问题，反而会将孩子越推越远。她终于明白，青春期的孩子需要的不是"压制"，而是"承接和引导"。

从那以后，她改变了沟通策略，女儿的情绪爆发明显减少了,母女关系也逐渐修复了。

解决方法: 三步走

要平息这场"斗争",关键在于家长要主动放下"控制者"的身份,转而成为一个"引导者"和"盟友"。我们需要先处理好孩子的情绪,再和他探讨规则。

第一步: 情绪降温,做孩子情绪的"缓冲垫"

当孩子情绪爆发、激烈对抗时,我们的第一要务是让情绪降温,而不是火上浇油:

- 允许情绪流动

不要急着批评、打断或教育孩子,先允许他把情绪宣泄出来。一个被允许表达愤怒的孩子,才有可能恢复平静。

- 共情他的感受

平静地对他说:"妈妈能理解,你现在很生气。遇到这样的事情,谁都会不开心。"这不是纵容,而是先接住他的情绪,让他感受到被理解。

第二步: 理性回归后,开启"复盘"对话

等孩子情绪平复后(比如呼吸平稳、声音柔和了),再邀请他进行一次理性的对话。引导他进行以下思考:

- 探寻背后原因

用开放式问题开启沟通:"刚刚你那么生气,是因为觉得我不理解你吗?""如果是你,你觉得应该怎么解决这个问题呢?"

- 引导反思行为

引导他区分情绪和行为:"生气可以理解,但我们可以换一种不伤害彼此的方式来表达吗?"

记住,情绪过后,孩子的"理性脑"才能重新上线。

第三步: 尊重孩子,邀请他成为"规则制定者"

要让孩子心甘情愿地遵守规则,最好的方法就是让他参与到规则的制定中来。制定规则时可以注意以下几条:

- 明确家庭底线

由家长明确提出家庭中不可动摇的底线(如安全、健康、诚信等)。

- 协商具体细节

在底线之上,邀请孩子共同商定具体的执行细节,如作息时间、使用电子产品的时长等。

- 给予自主空间

在规则范围内,给予孩子充分的自主权。例如:"你可以自己安排作业的顺序,但必须在9:30前完成。"

当孩子感受到自己被尊重、拥有了部分"权力"时,他对抗的意愿自然会大大降低。

随时可用的"家庭工具包"

- "家庭会议"时间

每周或每两周,召开一次简短的"家庭会议",专门讨论近期遇到的矛盾和需要调整的规则,让孩子有正式表达意见的渠道。

- 情绪红黄牌

和孩子约定,当任何一方感觉情绪快要失控时,可以亮出"黄牌"要求暂停,或亮出"红牌"要求各自冷静,避免冲突升级。

- "如果……会怎样?"情景推演

在气氛轻松时,和孩子一起探讨:"如果下次我们又因为iPad吵架,你希望我怎么做?你自己又可以怎么做?"在心平气和的推演中找到更好的解决方案。

- 权力清单

和孩子一起列一张清单,清晰地写下"哪些事由孩子全权决定""哪些事需要共同商量""哪些事必须听爸妈的",让权力边界一目了然。

小结

青春期的孩子，正在经历一场情绪与理性发展不同步的"暴风期"。他们表面看起来叛逆、不讲道理，内心深处却极度渴望被理解、被尊重。

只有家长先冷静下来，学会承接情绪、引导理性思考、尊重孩子，才能真正地与他和解，陪伴他顺利度过青春期。

请记住：教育青春期孩子，靠的不是压制，而是以理解为舟，以规则为帆，陪伴他们驶过风暴。

今日小作业

请和你的孩子，共同制定一项关于"使用电子产品"的家庭规则。

这个过程的关键是，让他充分表达自己的想法和需求，并在不触碰安全和健康底线的前提下，采纳他至少一条合理的建议。让他体验到，他的意见是被尊重和重视的。

03 孩子房间乱如"猪窝"，不爱卫生，我该怎么办？

场景复现

很多家长都会在孩子进入青春期后，对他的房间望而却步：脏衣服堆成山，书本杂物随处可见，有时甚至散发着一股难以言喻的味道。我们提醒了无数遍,他却依然我行我素,仿佛生活在一个"猪窝"里也毫不在意。

家长在努力维护一个家的整洁,而家里却有一个"混乱制造机"在持续运转。我们既想冲进去帮他收拾,又怕引发新一轮的家庭战争;既想让他养成好习惯,又发现所有的唠叨都如同石沉大海。

该怎么引导孩子养成良好的个人卫生习惯?

心理学透视

要理解孩子,我们首先要放下成人的评判标准。青春期孩子不爱卫生的背后,通常有三个深层原因:

- 强烈的"领地意识"

他的房间,在他看来是自己唯一的、神圣不可侵犯的领地。我们眼中的"乱",在他看来可能是"充满安全感的混乱"。任何未经允许的整理,都会被他视为一种"入侵"。

- 心理优先级的差异

在他当下的世界里,兴趣、社交、娱乐的优先级,远远高于整理房间、讲究卫生这类生活琐事。不是他"看不见",而是他"不在意"。

- 内在动机的缺失

他此刻还没有将"维护个人卫生"与"自我关爱和尊重"建

立起内在连接。对于洗澡、洗头这类事,他更多的是将其视为一种"不得不完成的任务",而非一种享受。

因此,解决这个问题的关键,不是强行改变他的行为,而是要用更智慧的方式,等待并激发他自我改变的内在动机。

真实案例: 一次"入侵"引发的家庭风波

我儿子的床上曾经堆满了各种玩偶,几乎占据了整个床,他睡觉只能蜷缩在角落。在我们家长看来,这样既不整洁也不卫生,尤其他还有轻微过敏。于是有一天,我们忍不住帮他整理了床铺,把玩偶收了起来。

结果,儿子暴跳如雷,情绪失控地抗议:"这些是我睡觉的安全感来源!你们怎么能随便动我的东西!"

这次"入侵"行为,让我深刻意识到,在孩子眼中,那些我们看来混乱的物品,都承载着他独特的情感和意义。他的房间,首先是他的领地,然后才是家的一部分。

解决方法: 三步走

面对孩子的"脏乱差",强制干预往往是下策。我们需要像一个高明的园丁,懂得何时该"静待花开",何时该"巧妙施肥",而不是粗暴地"修剪枝丫"。

第一步： 战略性忍耐，尊重孩子的个人领地

这是最考验家长定力的一步，也是最重要的一步。家长要注意：

- 管住手

房间再乱，也尽量不要主动替孩子收拾。尊重他的领地，是赢得他尊重的第一步。

- 管住嘴

尽量减少关于卫生问题的唠叨和催促。在这个阶段，孩子更需要的是空间感和自主权，而不是被强迫改变。我们的唠叨，只会成为他耳边的噪音。

第二步： 巧妙地借力，让同伴压力和科学知识成为"助推器"

孩子对家长的说教常常"免疫"，但对来自外部世界的评价却十分在意。家长可以尝试这样做：

- 借"同伴"之力

孩子对于同龄人的评价异常敏感。比如，我儿子有段时间洗头非常敷衍，直到有次同学来家里玩，直言不讳地说："你头上好像有味道哦！"这句话比我们千百次的劝说更有力量。我们可以鼓励孩子多邀请同学来家里玩，让"社交需求"成为他自我提升的动力。

第四章 12~18岁：在风暴与迷茫中，陪伴孩子寻找自我认同

● 借"科学"之力

如果你的孩子对科学知识感兴趣，可以和他一起观看关于细菌、病毒的科普片，或者做一些简单的小实验（如在培养皿中观察细菌生长），让他直观地理解保持卫生的重要性。

第三步：正向地肯定，用积极反馈强化每一次微小改变

当孩子每一次主动改善卫生习惯时，家长都要及时给予具体、积极的反馈。

● 描述积极感受

不说"你总算打扫了"，而说："你房间整理干净后，感觉整个空间都亮堂了，真好！"

● 肯定个人魅力

不说"你终于洗澡了"，而说："你今天洗完澡闻起来真香，头发也齐整，看起来精神多了！"

这种自然流露的正向反馈，是在告诉他：讲究卫生，最终受益的是自己。

随时可用的"家庭工具包"

● 环境体验日

每月选择一天，带孩子参观整洁有序的环境，比如图书馆、博

物馆,甚至是同龄友人的房间,让他感受干净整齐带来的舒适感。

- 卫生挑战打卡表

设计一张简单的"卫生打卡表",表上包含洗澡、洗头、整理床铺等项目,完成后可以让孩子打一个小勾,完成一周的打卡表后,可以获得一个小小的庆祝仪式。

- 自我观察日记

引导孩子观察自己的变化,比如连续一周保持房间整洁,情绪是否更好,学习是否更高效,让他亲身体验变化带来的好处。

小结

孩子房间乱、不爱卫生,本质上并不是他"懒"或者"坏",而是他在成长过程中,自我管理的意识和动机尚未成熟。

家长需要做的不是催促、指责、强行干涉,而是用尊重、等待、巧妙的外部影响和积极的正向反馈,陪伴他慢慢养成属于自己的生活习惯。

"成长不只是外在的改变,更是从内心萌芽出的责任感。"

04 假期"躺平",做事懒散,如何激发青春期孩子的行动力?

场景复现

在假期里,很多家长都会发现孩子变得特别"懒":一整天躺在家里,什么事也不做。我们心里难免焦虑,甚至有些崩溃,觉得孩子是不是太懒惰了,将来可怎么办?

"他的人生,会不会就这样'躺平'下去了?"

心理学透视

要理解孩子的"躺平"行为,我们首先要认识到,这件事并非一个"懒"字可以概括,而是一种"动机性瘫痪"。孩子在假期突然失去行动力,其背后往往有三个深层原因:

- 目标感缺失

在学校时,有考试、排名等清晰的外在目标驱动。假期一到,这些外在目标消失,如果孩子内心没有一个属于自己的、清晰的内在目标,他就会像一艘失去航向的船,瞬间迷失方向,无所适从。

- 意义感真空

即使他想到要做点什么(如预习、阅读),但如果无法将这些行为与自己未来的梦想或渴望建立起有意义的连接,这些行为就会变得枯燥乏味,难以持续。

- 执行力不足

孩子缺乏将问题具体化并执行的能力。很多孩子即便有了目标,但缺乏将宏大目标分解为具体、可执行步骤的能力,最终只能停留在"想",而无法"做"。

因此，要激发孩子的行动力，关键不是催促和指责，而是要帮助他找到内心的"为什么"（Why），并教会他实现"如何"（How）的方法。

真实案例：从"睡不醒"到"为自己画蓝图"

以我女儿为例。她在假期里常常也"睡不醒"，白天大部分时间都在床上度过。起初我也很焦虑，甚至想过硬性规定她的作息时间。

后来我反思了这个现象，逐步调整了自己的心态和做法。我发现，她并不是故意懒惰，而是缺乏清晰的规划和行动的意义感。于是，我开始与她进行一些轻松的、不带目的性的聊天。比如探讨她对未来的设想，聊她感兴趣的艺术等专业方向。

随着对未来的认识逐渐具体化，她也渐渐认识到，现在的努力是有意义的。在这个过程中，她自己提出要合理安排每天的学习和生活，慢慢地，从"躺着一整天"变成了主动计划和执行。这个转变不是一蹴而就的，而是我们一次次耐心沟通和具体引导的成果。

解决方法：三步走

要帮助孩子从"躺平"的状态中站起来，我们需要像一个优秀的教练，先允许他休息，再帮他找到目标，最后教他如何跑向终点。

第四章 12~18岁：在风暴与迷茫中，陪伴孩子寻找自我认同

第一步：接纳孩子的"懒惰"，允许孩子有一段"休整期"

假期是孩子放松、休整的正常时期，适当的"摆烂"有助于他们重新积蓄能量。家长可以尝试这样做：

- 调整心态

家长要放下焦虑，不要把"躺平"等同于"懒惰"或"堕落"。

- 共情感受

我们可以对孩子说："上了一学期学也挺累的，好好休息几天也好。"先让他感受到被理解，而不是被评判。

只有当孩子感觉自己是被允许放松的，他才有可能在休息够了之后，主动思考"接下来该做点什么"。

第二步：梦想再唤醒，引导孩子找到内在的"意义感"

在孩子休整过后，我们可以通过一些轻松的对话，帮助他连接现在与未来：

- 聊梦想，而非聊计划

多和他聊聊他的兴趣、未来的职业梦想，或者他欣赏的某个偶像。在这些他感兴趣的话题中，帮他找到学习的内在意义。

- 安排小任务，助孩子获得成就感

可以自然地安排他完成一些力所能及的小任务，比如帮忙策划一次家庭出游、完成一个他感兴趣的小项目，并在事后给予真诚的肯定。让他从微小的行动中，重新找回"我能行"的感觉。

第三步：帮助孩子落实目标，教他学会"目标分解"

当孩子有了目标和动机后，我们还要教他如何将目标落地。家长可以考虑这样做：

- 将大目标分解为小任务

引导他思考："为了实现这个目标，我们这个假期可以先做哪几件事？具体到今天，可以先完成哪一件小事？"帮助他把宏大的理想，分解为每天可执行的微小行动。

- 创造真实的锻炼机会

让他全权负责一次家庭聚餐的策划（从设计菜单、列购物清单到安排时间），或者独立规划一次短途旅行。在这些真实的"项目管理"中，他的规划和执行能力会得到最有效的锻炼。

随时可用的"家庭工具包"

- "梦想启航"地图

和孩子一起用一张大纸，画出他未来想去的地方、想成为的人、想做的事，然后反向推导，看看现在可以为此做哪些准备。

- 能量储蓄罐

准备一个罐子,每当孩子完成一件有意义的小事(无论是学习还是家务),就往里放一颗弹珠。在假期结束时,看看他为自己积攒了多少"能量"。

- "假期项目"制

将假期视为一个"大项目",和孩子一起立项(如"英语词汇提升计划"),并设定好项目周期、每日任务和最终成果,增加趣味性和掌控感。

- "空白时间"约定

在一周的计划中,特意留出一段"什么都不用做的空白时间",让他可以心安理得地"躺平",尊重他对节奏的把控感。

小结

孩子假期的"懒散",不是因为他天生懒惰,而是他内心的动力系统暂时进入了"待机模式"。只要我们不焦虑、不指责,学会倾听和引导,孩子一定能在自我探索中,重新找到方向,并建立起持久的内在驱动力。

"与其焦虑孩子的懒散,不如耐心播种他自我驱动的种子。"

今日小作业

请在这个假期,和孩子一起策划并执行一个他感兴趣的

"微型项目"。

这个项目可以很简单,比如"用一周时间学会做一道他最爱吃的菜",或者"为全家策划一次周末电影之夜"。关键是,让他全程主导,从计划到执行。

05 孩子一不开心就威胁要离家出走,如何应对?

场景复现

进入青春期后,不少孩子在情绪激烈时,会脱口而出"我要离家出走",这让很多家长非常焦虑,担心一时应对不当引发严重后果。

心理学透视

当孩子喊出"我要离家出走"时,他真正想要的,往往不是"离开",而是"被听见"和"被看见"。这句话,是他在情绪失控时,能想到的最有力量的、表达不满和寻求关注的方式。

这种极端行为的背后,通常有三个心理动因:

● 情绪的"最高级"表达

青春期孩子的情绪调节能力尚未成熟,当愤怒、委屈等情绪累积到顶点时,"离家出走"就成了他能想到的、表达"我非常非常不开心"的终极手段。

第四章 12~18岁：在风暴与迷茫中，陪伴孩子寻找自我认同

● 无意识的"情感绑架"

如果孩子发现，只要喊出这句话，家长就会立刻紧张、让步，他就会在无意识中学会使用这种方式来达到目的，这是一种习得性的行为模式。

● 对"最终控制权"的争夺

当孩子感觉在家庭中处处受控、没有话语权时，"离家出走"就成了他能想到的、唯一可以宣告"我的身体我做主"的最后反抗。

理解这一点后，我们才能从源头上真正帮助孩子，而不是陷入表面情绪的拉扯之中。

真实案例：一条短信化解的"出走"风波

莉莉（化名）妈妈曾向我求助，她的孩子因为晚上临时想去朋友家留宿，被她出于安全考虑拒绝了。莉莉情绪爆发，愤怒地摔门而出，并喊着要离家出走。

当时，莉莉妈妈心急如焚，但她强迫自己冷静下来。我建议她，不要打电话追问，而是发一条简短而温暖的信息给孩子："妈妈知道你现在很生气，在外面注意安全。如果你想回来，随时告诉我，我去接你。"

几分钟后，孩子回复："我在小区里转一转，一会儿就回。"

这件事顺利化解了。真正重要的，是在危急时刻，家长用平静温和的方式，既表达了无条件的爱与关心，又巧妙地给了

孩子一个可以返回的台阶。

解决方法：三步走

要有效应对孩子的"离家出走"威胁，我们既要掌握危机时刻的应对技巧，更要着力于平时的关系建设，从根本上减少此类事件的发生。

第一步：稳住孩子，守住爱的底线

当孩子已经摔门而出时，我们的首要任务是确保他的安全，并传递出对他的爱与关心：

- 情绪要稳

不要追出去争吵，也不要用更狠的话刺激他。家长的冷静，是孩子能冷静下来的前提。

- 态度要暖

像案例中那样，发一条表示关心的信息。核心是让他知道："无论我们之间有什么矛盾，我对你的爱和关心是不会变的，家永远是你的港湾。"

- 行为要"懒"

不要急于妥协，答应他之前的无理要求。这会让孩子认为威胁是有效的。

第二步：注意沟通，建立畅通的情绪表达渠道

孩子之所以用极端方式表达，往往是因为平时正常的表达渠道被堵塞了。我们可以这样做：

- 设立"情绪出口"

在家庭中，至少要有一位能让孩子放心倾诉的对象。这位"倾听者"要做到只倾听、不评判、不讲大道理。

- 鼓励情绪表达

经常和孩子聊聊他的喜怒哀乐，让他知道，所有的情绪，包括愤怒和不满，都是可以被谈论、被接纳的。

当情绪有了正常的出口，孩子就不需要再通过"离家出走"这种决堤的方式来宣泄。

第三步：鼓励孩子解决问题，培养他的内在力量

一个内心有力量的孩子，在遇到挫折时，会更倾向于解决问题，而不是逃避。以下几个方法可以帮助孩子：

- 给予自主权

在保证安全、健康、诚信等底线的前提下，在生活小事上给予孩子足够的自主权，让他感受到被尊重和信任。

- 创造社会体验

鼓励孩子参与社会实践，如短期实习、公益志愿服务等，让他真实地体验外部世界，认识到解决问题的多种可能。

- 培养责任感

让他承担力所能及的家庭责任,让他感受到自己对家庭的价值和贡献。

随时可用的"家庭工具包"

- "危机应对"标准话术卡

和家人提前约定好,当孩子威胁离家出走时,统一使用标准话术:"我爱你,我担心你的安全,家门永远为你敞开。"避免因家人反应不一而激化矛盾。

- "家庭吐槽"时间

每周设立一个固定的"吐槽时间",全家人都可以自由地、不受评判地表达近期的不满和烦恼。

- "抗挫力"实践清单

和孩子一起列一个清单,包含一些他可以尝试的小挑战,如独自去完成一项购物任务、策划一次短途旅行等,逐步锻炼他独立解决问题的能力。

- 情绪温度计

在家里挂一个情绪展板,让每个家庭成员每天都可以用不同的表情贴纸,来表示自己当天的心情,让每个人的情绪被看见。

第四章 12~18岁：在风暴与迷茫中，陪伴孩子寻找自我认同

小结

孩子说要离家出走，不一定是真的叛逆，更多的是一种夹杂着愤怒、无助和渴望被爱的复杂求助信号，是情绪无法疏解的一种表达。

家长最重要的，是在平时建立起尊重与边界，在关键时刻用温暖与坚定守护住孩子心中的归属感。

真正成熟的教育，不是避免所有冲突，而是用信任和爱，让他知道，家永远是那个他可以随时回来的地方。

今日小作业

请和你的家人（尤其是伴侣）进行一次沟通，共同商定一个"危机应对预案"。

讨论一下：如果孩子下次再说出"离家出走"这样的话，我们应该如何反应？谁负责保持冷静？谁负责发送关心的信息？我们的沟通底线是什么？提前达成共识，能有效避免在危机来临时，因慌乱而做出错误的回应。

二 自我认知与情绪管理

01 活在别人眼光里太累，如何帮助孩子建立稳固的自信？

场景复现

很多家长都会在孩子进入青春期后，发现孩子变得十分敏感：老师一个不经意的眼神，同学一句无心的玩笑，都能在他心里掀起一场风暴。他会对别人的评价反复琢磨，过度解读。

我们既心疼他的敏感和脆弱，又担心他会在别人的评价中迷失自我。"活在别人眼光里太累，该如何帮助孩子建立起自己的'内在罗盘'，让他能自信地前行？"

心理学透视

孩子之所以对他人评价异常敏感，其根本原因在于他尚未建立起一个稳定、独立的"内在评价体系"。在这个阶段，他的自我认知还不稳定，需要不断借助外界的反馈来拼凑出自己的模样。

这种依赖外部评价的状态，很容易导致几种常见的"认知扭曲"：

- 个人化

倾向于将所有负面事件都归咎于自己。比如，同桌今天不开心，他会觉得："是不是我惹他生气了？"

- 读心术

在没有足够证据的情况下，主观臆断别人对自己的负面看法。比如，别人多看了他一眼，他会想："他是不是觉得我穿得很奇怪？"

- 情绪化推理

把自己的感觉当作事实。比如："我感觉自己很糟糕，所以我一定是个很糟糕的人。"

因此，我们的目标，不是要"矫正"他的敏感，而是要通过智慧的引导，帮助他建立起自己的内在评价标准，学会客观地看待自己和他人。

真实案例： 乌鸦与孔雀的寓言

我经常给处在这个阶段的孩子讲一个关于乌鸦和孔雀的小故事。

孔雀在森林里遇到了乌鸦。乌鸦对孔雀说："你看你的脚，多么难看又扭曲！""你的尾巴这么长，走路不累吗？""你的羽毛颜色真奇怪。"

面对乌鸦一连串的挑剔和贬低,孔雀没有愤怒,也没有自卑,而是想了想,平静地回答:

"我的脚虽然弯曲,但这能让我更好地抓住地面。"

"我的尾巴虽然长,但开屏时能给大家带来快乐。"

"我的羽毛颜色很特别,这正是我的独特之处。"

最后,孔雀平静地接纳了自己的全部特点,既没有被乌鸦的"观点"击垮,也没有否认客观的"事实"。这个故事,恰恰揭示了建立稳固自信的核心:学会区分事实与观点,并保有自己对自己的判断。

解决方法:三步走

要帮助孩子建立起内在的"罗盘",我们需要像一位教练一样,通过三个层次的训练,逐步提升他的"情绪免疫力"。

第一步:认知训练,教他分辨"事实"与"观点"

这是建立内在评价体系的基础。日常生活中,有很多途径可以做这样的训练:

● 日常练习

在日常生活中,随时和孩子玩"这是事实,还是观点?"的游戏。比如拿起一朵花,进行判断:"这是一朵红色的花"(事实),"这朵花真难看"(观点)。

● 拆解批评

当他被批评时,引导他拆解老师话中的含义。"老师说你'作业没交',这是事实。但他因此说你'不是个好学生',这只是他的一个观点。"

当孩子能清晰地分辨事实和观点时,他就拥有了抵御负面评价的第一道"防火墙"。

第二步:共情与换位,引导他跳出"自我中心"

当孩子因他人的反应而难过时,不要急着否定他的感受,而是陪他进行一遍"换位思考"的练习:

● 先共情,再引导

当我女儿因我笑她摔跤而生气时,我没有反驳,而是问她:"如果换作是妈妈摔倒了,你会笑吗?"

● 探索他人动机

引导她思考后,她承认自己也可能会笑。我再顺势解释:"有时候笑,不是嘲笑,而是一种轻松和关心的表现。"

通过换位思考,孩子能更客观地理解他人的行为,减少因"读心术"带来的不必要困扰。

第三步:建立价值感,帮他找到"我是谁"的坚实锚点

敏感只是表面,实质上,这些反应是孩子对自己"够不够好"

的疑问。我们需要通过真实的行动,帮助孩子建立起自我价值感:

● 发挥优势

鼓励他将自己的兴趣和特长(如画画、编程、运动)运用到帮助他人或集体中。当他在真实的创造和贡献中获得感谢和认可时,这份价值感是最坚实的。

● 拥抱不完美

明确地告诉孩子:"敏感是正常的,这个阶段的你,本来就容易对别人的话特别在意。这只是成长的一部分,只要我们慢慢练习,就会越来越强大。"

让孩子知道,他的价值不取决于外界的评价,而在于他本身是谁,以及他能创造什么。

随时可用的"家庭工具包"

● "事实 or 观点"分辨器

和孩子一起制作两张卡片,一张写着"事实",一张写着"观点"。在日常对话或看电视时,随时拿出来玩分辨游戏。

● "转念"小剧场

家长和孩子角色扮演,模拟"被误解了怎么办?""被开玩笑了怎么办?"等场景,练习从不同角度看待问题。

● "我的价值"贡献清单

鼓励孩子每周记录一件"我为别人/家庭/班级做出的贡

献",无论多小,比如"今天我帮同桌讲解了一道题"。

小结

孩子的敏感不是软弱,而是他的内在评价体系尚在构建中的正常表现。真正的力量,不是让孩子变得无感无畏,而是教他学会分辨别人的评价,保持自己的判断,并最终拥有一个稳定、温柔而坚韧的自我。

"真正的自信,不是别人说你好,而是即使别人不懂你,你也知道自己是谁。"

今日小作业

请和孩子一起,玩一次"事实与观点"的分辨游戏。

可以拿起身边的任何一件物品,比如一个水杯。先说"这是一个玻璃杯",再说"这个杯子设计得真好看",让他来分辨哪一句是事实,哪一句是观点。通过这个简单的游戏,开启他构建内在评价体系的第一步。

02 孩子太"霸道",不懂感恩,如何帮助他培养同理心?

场景复现

很多家长都会在某个瞬间,被孩子的"理所当然"深深刺痛：你辛苦为他准备了一桌饭菜，他挑三拣四还抱怨不合胃口；你生病在家，他却只关心自己的游戏时间是否被打扰。他似乎永远活在自己的世界里，只看得见自己的需求，看不见别人的付出。

这就像你在用心浇灌一株植物，它却从不向你开花，甚至连一片绿叶的回应都吝于给予。

"他怎么这么自私，不懂感恩？我是不是养出了一个'白眼狼'？"

心理学透视

孩子之所以表现得"霸道"和"不懂感恩"，其核心在于他尚未发展出成熟的"同理心"。同理心，是指能够站在他人角度，理解和感受他人情绪的能力。这是一种高级的社会情感能力，并非天生就有，而是在成长过程中，通过与他人的互动慢慢习得的。

导致孩子同理心发展受阻的原因，通常有两种：

● 压抑的愤怒

如果孩子长期处于被过度控制或被严厉指责的环境中，他内心会积累大量的不满和愤怒。当连他自己的情绪都无法被看见和接纳时，自然也就没有多余的心理能量去感受和体谅他人。这种"冷漠"，其实是一种无声的抗议。

● 过度的呵护

如果家长凡事包办、有求必应，孩子就会习惯于以自我为中心,认为得到的一切都是理所当然的。他缺乏必要的生活磨炼,对别人的付出和辛苦没有真实的体会,也就无法产生感恩之心。

因此,培养同理心,不是靠道德说教,而是要先为孩子的情绪"排雷",再引导他去体验和感受他人的世界。

真实案例:一次压抑型愤怒的修复

小杰(化名)妈妈曾来找我咨询。她儿子小时候特别听话,到了初中后却突然变得像个"白眼狼",凡事只关心自己,稍不顺心就对父母发脾气,连父母生病了也一副无所谓的样子。她特别难受:"我辛辛苦苦养大他,怎么变成这样?"

深入了解后我发现,小杰从小被父母高度控制,从学习到交友,几乎没有自主权。他内心积压了很多不满,只是小时候不敢表达。到了青春期,这些怨气终于以冷漠和自私的方式爆发了出来。他的"不懂感恩",其实是在报复过去那个"不被尊重"的自己。

解决方案:三步走

要培养孩子的同理心,我们需要像一位心理医生一样,先诊断问题的根源,再对症下药:如果是"内心有积怨",就要先修复关系;如果是"被呵护过度",就要建立他的责任感。

第一步：做无声的"倾听者"，为愤怒"排雷"

如果孩子的"冷漠"源于压抑的愤怒，我们首先要做的，是修复亲子关系。以下做法可以助力：

● 无条件倾听

当孩子向你表达时（哪怕是抱怨和指责），请放下评判，不要急着讲道理或反驳。只是静静地听，用眼神和简单的回应（如"嗯""我明白了"）让他感受到："我在听，我在尝试理解你。"

● 接受负面情绪

孩子一开始可能会用一些难听的话来试探你。这时越能坚持不评价，他越能慢慢放下戒备。

请记住，修复关系靠的是耐心和无条件的接纳，而不是指责和改造。

第二步：角色平等，让他从"家庭的中心"变为"家庭的一员"

如果孩子是被呵护过度，这些做法可以帮助他建立真实的平等感：

● 分配家庭责任

让孩子承担力所能及的家务，如收拾自己的房间、帮忙拿快递等。让他明白，家庭是需要共同维护的。

- 给予具体感谢,而非夸大表扬

在孩子完成后可以礼貌致谢:"谢谢你帮忙拿了快递,让我能更快准备晚饭。"但要避免说:"你太厉害了！真是个大英雄！"真实的感谢,是在传递贡献的价值,而非吹捧。

第三步: 引导他走出"自我世界",看见他人

同理心是在真实的体验中生长的。我们可以引导孩子:

- 体验生活不易

适当放手,让孩子自己去处理一些力所能及的小事,让他体会到完成一件事需要付出的努力。也可以带他参与公益活动,让他看到别人的生活和不易。

- 把握"黄金"引导时机

在一些特殊时刻(如家人需要关心时),温和地提醒和引导他表达关心。例如,当爸爸做了个小手术,可以轻声问他:"爸爸今天不舒服,你要不要去问候一下他？"

- 成为感恩的榜样

在家庭中,父母之间要互相表达感谢和欣赏。让孩子在耳濡目染中明白,感恩是一种温暖的、自然的情感流动。

随时可用的"家庭工具包"

● "换位思考"小剧场

在看电影或读书时,暂停一下,和孩子讨论:"如果你是故事里的这个角色,你现在会是什么感觉?你会怎么做?"

● "家庭贡献"积分榜

准备一个看板,每当有家庭成员为家里做了贡献(包括孩子),就为他贴上一颗小红心,并在周末一起回顾,互相表达感谢。

● 亲子感恩小卡片

每周用5分钟,互相写张便条,写下这一周最感谢对方的一件小事,让温暖的气氛在家里蔓延。

● "一日家长"体验日

让孩子在周末体验一天当"家长",负责安排一餐饭或一次家庭活动,让他亲身体会父母的辛劳。

小结

孩子不会在一夜之间懂得感恩,也不会因我们一顿"教育"就改掉"霸道"。

"真正的同理心,不是一个被要求的动作,而是在心里真的感受到了爱与被需要之后,自然流淌出来的情感。"

要让这股情感的清泉涌流,我们要做的,是耐心倾听,为孩子可能被压抑的愤怒情绪"排雷",修复好彼此的情感链接。然后,通过分配家庭责任,让他从"家庭的中心"回归为"家庭的一员",在真实的付出与回馈中体验价值感。最后,用充满感恩和欣赏的家庭氛围,去温柔地滋养他。

今日小作业

请进行一次"爱的求助"练习。

下次当你感到疲惫或需要帮助时(哪怕只是一件小事),试着温和地向孩子表达你的需求,比如:"妈妈今天有点累,你能帮我倒杯水吗?"

这个请求的目的,不是为了考验他,而是为了向他展示:父母也是需要被关心和帮助的普通人。观察一下,当你适度"示弱"时,孩子内心那扇通往同理心的大门,是否悄悄打开了一丝缝隙?

03 孩子总是抱怨,如何引导他看见生活中的"正能量"?

场景复现

很多家长都会在孩子进入青春期后,发现他好像变了一个人:曾经那个阳光开朗的孩子,如今却总是皱着眉头,对学校、对同学,甚至对天气都充满了抱怨和吐槽。他仿佛戴上了一副"灰色眼镜",看什么都不顺眼。

"我该怎么帮助他,让他重新看见生活中的阳光呢?"

心理学透视

青春期孩子爱抱怨,很多时候不是因为他"玻璃心"或者负能量爆棚,而是他的内在世界正在发生剧烈变化的正常反应。

这个阶段的孩子对社会规则、人与人之间的不公平现象,第一次有了敏锐的觉察。他们的情绪感知更细腻了,但他们的认知和经验尚不成熟,一时无法消化这些复杂的感受,只能通过抱怨来释放情绪。

- 渴望被理解与认同

抱怨,其实是他们向最亲近的人发出的一种求助信号。当孩子频繁抱怨时,他真正渴望的,是有人愿意倾听和理解他的感受,而不是被否定或指责。

真实案例: 倾听,让抱怨变成成长的契机

初中女孩小云(化名)曾来找我咨询,她抱怨班主任对她很不公平。

她详细讲述了自己在一次活动中被误解、被老师批评的过程。听完之后,我的感受是:"如果我是她,我可能也会觉得很委屈。"

于是,我先耐心倾听小云的抱怨,没有急着给建议。等她的情绪慢慢缓和下来,我轻轻问她:"你想过要怎么让老师了解你的想法吗?"

她思考了一下,说:"我想写封邮件,再约老师单独沟通。"后来,她和老师进行了正面沟通,关系也有所改善。

她告诉我:"其实我本来都想放弃了,但是和你聊完,我觉得我能试试。"

解决方法:三步走

面对孩子的抱怨,我们需要像一个情绪的"疏导员",先接纳,再引导,最后帮助他找到解决问题的方法。

第一步:情绪管理与认真倾听,做孩子的"情绪容器"

当孩子开始抱怨时,我们的第一反应至关重要:

- 稳住自己

深呼吸三次,告诉自己:"孩子是在向我表达情绪,而不是向我宣战。"不要立刻否定或焦虑,比如:"怎么又抱怨了?""你这样以后怎么适应社会?"

- 成为一只"空杯"

放下自己的评判,用真诚的姿态去倾听。可以说"嗯,我明白了"或"听起来你真的很难过",鼓励他把话说完。记住,孩子需要的是被"听见",而不是被"教育"。

第二步：积极关注，从抱怨中找到他的"闪光点"

在孩子抱怨的言语中，往往隐藏着他宝贵的品质。我们要像一个"寻宝者"，把他内在的力量找出来并反馈给他：

- 发现正向动机

如果孩子说："同学们都排挤某个同学，老师也不管，太过分了。"你可以回应："我听到你对不公平现象的愤怒，这说明你是一个很有正义感和同理心的孩子。"

- 肯定他的觉察力

这样的积极关注，能帮助他从一味沉浸在负面情绪里，转向看见自己内在的力量和价值。

第三步：温和引导与适度放手，让他成为解决问题的主人

在充分倾听和肯定之后，再温和地把思考的"接力棒"交还给他：

- 引导思考，而非给予答案

问一些开放式问题，如："你觉得有没有什么事情，是你可以尝试去做的？""如果你想帮助那位同学，你有哪些选择？"

- 适度放手，不追问结果

讨论完方案后，不要追着孩子检查。有些事情，孩子吐槽完、思考完，自己就消化掉了。逼着他"执行计划"，反而会让

他感觉被监控,产生逆反情绪。

真正的成长,是润物细无声的,而不是被推着跑的。

随时可用的"家庭工具包"

- 每日积极记录

和孩子一起,每天记录一件当天遇到的好事,哪怕是很小的,比如"阳光很好""今天同学把笔借给我"。

- 情绪天气预报

鼓励孩子每天用"天气"来比喻自己的情绪,比如"今天心情像多云转晴",培养他觉察和表达情绪的能力。

小结

青春期孩子的抱怨,其实是他们探索世界、认识自我的必经之路。它不是消极的终点,而是一个寻求理解和成长的起点。我们需要做的,不是焦虑,不是控制,而是先接住情绪,耐心倾听;再以积极的眼光看到孩子的闪光点;最后在信任中引导他们,自己找到走出困境的路。我们不是要让孩子一夜之间变得阳光灿烂,而是陪伴他穿越灰蒙蒙的时光,逐渐学会为自己点灯。

今日小作业

下次当孩子向你抱怨时,请你做一个安静的"倾听者"。

在整个过程中,忍住所有提建议、讲道理、做评判的冲动,只用"嗯?""是吗?""后来呢?"来回应。听完后,给他一个拥抱,说一句:"谢谢你愿意把这些告诉我。"

感受一下,当你只提供倾听和接纳时,孩子的状态以及你们之间的氛围,会发生怎样奇妙的变化。

04 中考失利,如何帮助孩子(和自己)度过失望期?

场景复现

孩子平时学习不错,却在中考这样的关键考试中失利,没有考上理想学校。他把自己关在房间里,不说话,不吃饭;而我们作为家长,心中更是五味杂陈——失望、焦虑、心疼。

我们想安慰他,却发现自己的情绪也濒临崩溃。

"在孩子最失落的时刻,我到底该如何做,才能成为他的支撑,而不是压垮他的最后一根稻草?""我们自己又该怎么面对?"

心理学透视

我们要认识到,孩子的失误并不意味着他过去的努力就毫无意义。一次关键考试的失利,可能受到临场发挥、心理素质、状态波动等多种因素的影响。而家长此刻感到的巨大失望与心理落差,也是人之常情。

当家长和孩子都沉浸在负面情绪中时,大脑的"杏仁核"被高度激活,理性思考能力会暂时"下线"。如果我们此刻选择用指责、抱怨甚至打骂来发泄自己的失望,只会造成两个严重的后果:

- 剥夺孩子宝贵的反思机会

他会被迫将所有精力用于应对我们的情绪,而无法冷静地复盘自己的问题。

- 摧毁孩子重新出发的动力

他会内化出一种"我就是个失败者"的信念,在未来的挑战面前变得畏缩不前。

因此,在孩子兵败之时,家长是选择做一名"批评官",还是做一名"疗伤师",将直接决定孩子能否从这次失败中汲取力量,走向更远的未来。

真实案例: 逆袭源自家庭的支持

圆圆(化名)平时学习成绩稳定,在班级里名列前茅,但中考意外失利,只被一所普通高中录取。圆圆妈妈一开始也情绪崩溃,强忍着没有当场发火,但心里压抑得喘不过气。

后来,在我的建议下,她先让自己冷静下来,然后走进孩子的房间,没有说教,只是抱着女儿说:"妈妈知道你很难过,想哭就哭出来吧。"

在女儿情绪平复后,她陪孩子一起回顾了整个备考过程,倾听孩子的感受。女孩在倾诉中哭了,说:"我不是不想考好,我真的努力了,但考场上太紧张了。"

圆圆妈妈听完后,深深与圆圆共情。之后,她们一起制定了后续的"逆袭计划":如何在新学校中尽快进入重点班,如何为高考提前布局。这个过程,让母女关系变得更紧密,也让女孩很快从失败的阴影中走了出来。后来,她在高考中超常发挥,考上了一所非常不错的大学。

解决方法: 三步走

面对中考失利这样的重大挫折,我们需要像一位危机处理专家,有条不紊地陪孩子走过情绪期、反思期、行动期。

第一步: 先处理心情,再处理事情

在成绩揭晓的最初阶段,孩子和家长都需要一个情绪的缓冲期:

- 允许悲伤,接纳失望

孩子已经足够内疚和痛苦,不要再用"坚强点""这有什么"来压抑他的情绪。主动表达理解,可以说:"妈妈知道你现在特别难过,我也很难过。没关系,我们可以一起难过一会儿。"

- 给予空间,耐心陪伴

让他有时间独自消化情绪。我们只需传递一个信号:"无

论发生什么,爸爸妈妈都在。"

第二步:理性复盘,将"失败"转化为"经验"

当双方情绪都相对平稳后,再开启一次冷静的复盘对话。对话可以聊这些内容:

- 探寻原因,而非追究责任

和孩子一起分析失利的原因,是知识点有漏洞?是时间分配不合理?还是心态影响了发挥?重点是找到问题,而不是归咎于"你不努力"。

- 重新定义失败

明确地告诉孩子,中考只是人生赛道上的一个弯道,不是终点。真正重要的是,我们能否从这次摔倒中学到东西,然后以更好的姿态重新出发。

第三步:目标重塑,制定实际可行的"逆袭计划"

沉溺于过去无益,将目光引向未来才是关键。我们可以这么做:

- 分析现状,确立新目标

基于现有的学校,共同分析新的机会点在哪里,比如"争取进入重点班""在某一优势学科上成为顶尖"。

- 拆解行动路径

将新目标分解为可执行的小步骤,让未来有方向感、有掌控感。不是空喊"加油",而是具体到"这周我们需要完成什么"。

随时可用的"家庭工具包"

- "情绪疏导"便利贴

鼓励孩子把最难受、最担心的感受写在便利贴上,然后贴在一个"情绪回收站"(可以是一个小盒子)里。写出来,本身就是一种释放。

- 逆境规划卡

和孩子一起制作一张卡片,写的内容包括:当前挑战、新目标、本周行动。贴在书桌前,让努力的方向一目了然。

- 陪伴承诺卡

亲口或写一张小卡片告诉孩子:"你的价值不由一次考试决定。无论什么时候,爸爸妈妈都是你最坚实的后盾,我们一起努力。"

小结

失败不是人生的终点,而是重新审视和调整方向的契机。作为家长,我们可以选择成为孩子在失落时最温柔、最坚定的支持者。真正的教育,不是在他春风得意时锦上添花,而是在他陷入低谷时,能帮他看到希望,点亮前行的路。

请记住:"教育不是情绪的发泄,而是一次次引导孩子在困境中生出力量。"

今日小作业

请进行一次"无声的支持"练习。

找个机会,给因挫败而失落的孩子倒一杯温水,或削一个他喜欢的水果,轻轻放在他身边,然后安静地离开。不做任何言语上的安慰或说教。这个小小的动作,是在告诉他:"我看见了你的难过,我在这里陪伴你。"有时候,行动比语言更有力量。

三　社会交往与现实挑战

01　孩子开始"早恋",我该如何智慧地引导?

场景复现

那个昨天还跟你撒娇要糖果的小孩,今天突然有了自己的小秘密。他的手机开始频繁地响起,脸上会露出你从未见过的、夹杂着羞涩与甜蜜的笑容。当你无意中问起时,他却支支吾吾,眼神躲闪。你可能很快就会发现,他恋爱了,或者正在经历一场网恋。

那一刻,警报声在你心中骤然拉响。你脑海中闪过无数个念头:"他才多大?会不会影响学习?""万一受伤害了怎么办?"

心理学透视

心理学上通常把这个阶段的恋爱称为"Puppy Love"(小狗式恋爱)。

这个称呼并非贬义,而是精准地描述了其特点:情感连接通常较浅,维持时间也相对较短,很多时候会在三个月内自然结束。它更像是一场关于亲密关系的"情感演习",是孩子探索自我、学习与异性相处的正常发展阶段。

然而,很多家长会因为过度的未来焦虑,而做出最错误的选择——严防死守、强力干预。这恰恰容易触发心理学上著名的"罗密欧与朱丽叶效应":来自外界的阻挠,非但不能拆散他们,反而会强化他们的反叛心理,让这段本可能无疾而终的恋情,变得更加深刻和坚定。

因此,面对孩子的"早恋",家长的第一要务不是"灭火",而是稳住自己的情绪,用智慧的眼光静观其变。

真实案例:一次成功的"冷处理"

小梅(化名)妈妈曾找到我咨询,她发现正上初二的女儿,经常在深夜和一个网恋对象打电话、发消息,学习成绩也开始下滑。她心急如焚,但听取了我们的建议后,决定先不直接干预她与网友的交往,而是冷静地观察。

她没有去翻查女儿的手机,也没有厉声质问,而是继续坚持之前定下的学习规则,比如作业的完成情况、考试成绩是否达标等。与此同时,她刻意创造了一些轻松的母女谈心时间,很自然地聊起了自己年轻时的故事,也分享了关于恋爱和自我保护的看法,引导女儿自己去思考恋爱中可能遇到的风险和需要坚守的边界问题。

几个月后,女儿对那段网恋的热情自然消退,学习状态也逐渐回升。更重要的是,因为妈妈在这件事上的信任和尊重,母女关系反而变得前所未有的紧密。

解决方法：三步走

要智慧地引导孩子度过这段情感萌芽期,关键在于,守住底线,引导方向。

第一步：不做惊慌的"敌人",做冷静的"盟友"

我们的情绪,是孩子情绪的"遥控器"。在我们与孩子沟通之前,必须先处理好自己的焦虑:

- 觉察焦虑来源

坦诚地问自己,我究竟在怕什么?是怕孩子成绩下滑,还是怕他受到伤害?把模糊的恐惧具体化,能帮助我们恢复理性。

- 避免侵犯边界

控制住偷看孩子手机、日记的冲动。这种行为一旦被发现,会彻底摧毁亲子间的信任,让沟通的大门彻底关闭。

- 情绪稳定时再沟通

如果感到自己情绪上头,先离开现场,深呼吸,或者找朋友倾诉。确保自己是在冷静、理性的状态下,再与孩子对话。

第二步：聚焦责任,而非恋情本身

我们的目标不是消灭恋情,而是确保它不影响孩子当下的核心任务——学习与成长。因此,管理的核心应该是结果,而非行为。我们可以这样做:

- 坚持结果导向

将关注点从"你是不是在谈恋爱"转移到"你今天的学习任务完成了吗"。和孩子明确约定每天的学习清单和作息底线(如：晚上几点前必须完成作业,几点必须上床休息)。

- 规则清晰前置

将规则白纸黑字地写下来,比如"无论因为何事,学习任务未完成,周末的娱乐活动将自动取消"。让孩子明白,他需要为自己的行为选择承担自然后果。

- 给予信任空间

当孩子遵守了规则,完成了任务,就给予他应有的自由空间,不去过度盘问他的社交细节。

第三步：底线共识,从"管理者"变为"引路人"

在信任的氛围下,我们可以开启一场关于"爱与责任"的坦诚对话,帮助孩子建立起清晰的安全边界：

- 肯定情感,而非否定

用开放和接纳的态度开始对话,可以说："能喜欢上一个人,说明你长大了,这是很美好的感觉。"

- 引导思考,而非灌输

和他一起探讨恋爱中的风险,比如："你觉得在一段关系里,什么最重要?""如何保护自己的隐私和安全?"让他自己思考并得出结论。

- 明确家庭底线

用平等的语气和他约定几条必须共同遵守的底线,例如:不影响学业和作息;任何情况下,安全第一;尊重自己,也尊重对方,不做任何让自己感到不舒服的事情。

随时可用的"家庭工具包"

- "家庭信任"协议书

和孩子一起,用轻松有趣的方式,制定一份关于学习任务和娱乐时间的书面协议。双方签字,贴在书桌前,用契约精神代替口头唠叨。

- "情感对话"启动卡

如果你不知道如何开启话题,可以和孩子玩一个"真心话"卡片游戏。在卡片上写下一些问题,如:"最近让你最开心的一件事是什么?""你最欣赏一个人的什么品质?"在轻松的氛围中自然地了解他的内心世界。

- "安全边界"讨论会

可以借助一些社会新闻或电影情节,和孩子一起讨论关于隐私保护、情感界限等话题,引导他建立自我保护的意识。

小结

孩子的情感萌芽,是成长的必然,也是一份珍贵的生命体验。"教育不是压制成长的本能,而是为成长的欲望装上智慧的刹车。"

家长要做到:尊重孩子成长的节奏,不过度干涉;守护他学习的责任,不放任自流。

今日小作业

请在本周,找一个你和孩子都感到放松的时刻(比如散步时、周末的下午茶时间),尝试开启一次"无主题"的闲聊。

不去问学习,不提恋爱,只是像朋友一样,问问他:"最近有没有遇到什么有趣的事,或者有什么烦恼,想和我聊聊吗?"

这次作业的目的,不是为了打探情报,而是为了练习成为一个让孩子信赖的、安全的"树洞"。

02 孩子沉迷网络,甚至偷偷给游戏充钱,我该怎么办?

场景复现

很多家长在无意中查看手机账单,却发现一串陌生的消费记录。我家长几乎是带着哭腔地问我:"田老师,孩子偷偷给游戏充了好多钱,还骗我说是买学习资料,我该怎么办?是不是该报警?"

我听完,反问她:"孩子的钱,是怎么拿到手的?"她愣了一下,然后才发现,自己平时疏忽了对账号、银行卡、支付密码的管理。孩子之所以能偷偷充值,是因为家长自己无意中打开了方便之门。

很多家长遇到类似问题,第一反应是焦虑、气愤,甚至希望马上找人"救场"。但在真正寻求外部帮助之前,我们更需要冷静下来,先看看究竟是哪里出了问题。

心理学透视

孩子偷偷为游戏充钱,这不仅仅是"贪玩"或"撒谎"的问题,它更像一个警报器,揭示了我们家庭系统中可能存在的几个深层漏洞:

- 家庭财务系统的松懈

家长无意中为孩子打开了支付的方便之门,比如共用支付密码、未设置消费限额等。这是问题发生最直接的物理原因。

- 金钱教育的缺失

孩子对金钱没有具象的认知,不知道每一笔钱都对应着父母真实的劳动付出。在他眼中,钱只是屏幕上一个跳动的数字。

- "延迟满足"能力不足

游戏通过即时奖励(如炫酷的皮肤、更强的装备)不断刺激大脑,而青春期孩子的前额叶尚未发育成熟,天生就难以抵抗这种即时诱惑,缺乏为长远目标而等待和忍耐的能力。

因此,问题的根源不在于孩子"坏",而在于家庭的"防火墙"没建好,孩子的"免疫力"没培养起来。家长首先需要做的,是反思和行动,而不是单纯地陷入情绪。

真实案例:关于零花钱的"契约重建"

在我家,零花钱的管理一直遵循着几条清晰的原则:总量设限、用途约定、后果自负。起初,我女儿也控制不住自己,经常乱买一些小饰品,甚至透支了两个月的零花钱。我们没有责骂她,也没有心软补发钱,只是让她真实地体验了两个月"没钱可用"的后果。几次之后,她自然学会了规划和克制。

后来,她上初中后,一度动了给游戏皮肤充值的心思,并偷偷尝试了一次。被我发现后,我们没有大发雷霆,而是平静地拿出了我们共同制定的"家庭财务协议",并严格执行了上面的条款:取消她整个学期的零花钱和游戏权限。

那一次的"惨痛"后果,让她深刻地明白:有些底线,是绝对不能触碰的。

解决方法:三步走

要系统性地解决孩子游戏充值的问题,我们需要像修复一个系统漏洞一样,从堵住源头、重建规则到坚定执行,一步步进行。

第一步：亡羊补牢，先堵住财务漏洞

在问题发生后，必须立即采取以下紧急措施：

● 断开支付入口

检查所有你和孩子可能接触的电子设备（手机、iPad、电脑），将微信、支付宝等支付 App 全部设置独立的、孩子不知道的密码。

● 关闭便捷支付

关闭 App Store、各类小游戏平台的"免密支付"或"一键购买"功能。

● 加强安全验证

为所有重要支付开启指纹或面部识别，确保只有你自己才能授权。

第二步：重建规则，将金钱管理权交还

堵住漏洞后，我们需要和孩子一起，建立一套全新的、清晰的家庭财务规则，培养他的金钱意识：

● 建立零花钱制度

明确规定每月固定的零花钱额度，并与孩子共同制定预算，让他学习规划自己的开销。

第四章 12~18岁：在风暴与迷茫中，陪伴孩子寻找自我认同

- 设立家庭财务"红线"

与孩子郑重约定，可以玩游戏，但"给游戏充值、氪金或打赏主播"是绝对禁止的家庭红线。

- 明确违规后果

清晰地告知孩子，一旦触碰"红线"，将面临的自然后果，例如"冻结游戏权限一学期"或"取消未来三个月的零花钱"。

第三步：温和而坚定，用自然后果代替情绪风暴

规则建立后，最重要的就是执行。当孩子再次违规时（这种情况很有可能发生），我们必须做到：

- 冷静处理，不羞辱

发现问题时，先管理好自己的情绪。不要情绪爆发，不对孩子进行人格上的羞辱。

- 坚定执行，不妥协

平静地告诉他："你触犯了我们共同约定的规则，所以我们需要执行约定的后果。"

不讨价还价，不因孩子的哭闹而心软。

- 事后复盘，强化认知

在惩罚执行一段时间、孩子的情绪平复后，再与他复盘，帮他分析当时冲动消费的原因，并再次强调正确的消费观。

随时可用的"家庭工具包"

● "我的小金库"预算表

和孩子一起制作一张零花钱预算表,分栏记录每月收入、计划支出(如交通、零食、文具)和实际支出,让他直观地感受金钱的流向,学会量入为出。

● 家庭"氪金"红线卡

用一张卡片,清晰地写下家庭关于游戏消费的底线规则,并由家长和孩子共同签名。贴在电脑或书桌旁,时刻提醒。

● "支付安全"自查清单

制作一份家庭支付安全检查清单,定期(如每季度一次)和孩子一起检查所有设备的支付设置是否安全,将风险防范变成一种家庭习惯。

小结

孩子偷偷给游戏充钱,往往是家庭金钱教育和规则漏洞的一面镜子。作为家长,最重要的不是在事发后宣泄愤怒,而是冷静、系统地拿回财务控制权,和孩子共同建立规则,并通过坚定地执行,帮助他逐步建立起内在的消费自控力和责任感。

真正的成长,不是一味控制,而是在体验和规则的引导下,让孩子学会为自己的选择负责。

今日小作业

请在今晚,进行一次彻底的"家庭支付安全检查"。

拿起你的手机和孩子的常用电子设备,仔细检查以下几点:

微信和支付宝是否设置了独立支付密码?是否关闭了所有应用的"免密支付"功能?孩子的账号是否绑定了你的银行卡或信用卡?

这个小小的动作,是为家庭财务安全筑起第一道,也是最重要的一道防线。

03 孩子和朋友闹矛盾,我应该介入吗?

场景复现

孩子放学回家后,书包往沙发上一扔,一脸阴云地把自己关进了房间。晚饭时,他戳着碗里的米饭,终于忍不住开始抱怨:"我再也不跟小明玩了!他太过分了!"接着,便是一连串关于朋友间争吵、误解的委屈叙述。

我们看着孩子时而愤怒、时而失落的样子,心里十分纠结。一个声音在说:"孩子跟我说,是信任我,我得帮他出出主意。"另一个声音却在担忧:"我一个大人,介入孩子们的矛盾,会不会越帮越忙,让他更没法自己处理问题?"

心理学透视

当孩子带着一脸的委屈向你倾诉朋友间的矛盾时,他未必是在请求你的帮助或判断。更多时候,他只是在寻找一个安全的"情绪树洞"。他需要把你这里当作一个可以放心倾吐所有不满、委屈和愤怒的地方。

这其实是青春期孩子进行自我疗愈和成长的重要方式,也是本章我们提到的"叙事重构对话"(NDVF)策略的起点。通过向你讲述这个故事,他正在尝试梳理混乱的思绪,理解自己在这段关系中的感受。

此时,家长最好的角色,不是一个急于给出答案的"解决者",而是一个专注而有耐心的"倾听者"。如果你急于介入,给出建议,甚至直接联系对方家长,不仅可能激化孩子间的矛盾,更重要的是,你剥夺了孩子一次宝贵的、学习独立处理人际关系的机会。这是他们未来步入社会前,最重要的"社交模拟演练"。

真实案例: 女儿的友情小风波

我女儿上学时,曾因班里一位同学的言行而深感困扰。那位同学总是有意无意地炫耀自己的优越条件,言语间还带着对别人的轻视。终于有一次,女儿和另一位同学忍不住与她发生了争执。

回家后,女儿向我倾诉了整件事,情绪非常激动。她的小

第四章 12~18岁：在风暴与迷茫中，陪伴孩子寻找自我认同

脸上写满了愤怒，但细听之下，我还能感受到一丝不易察觉的、因比较而产生的羡慕与不甘。

当时，我没有立刻评判"那位同学不对"或者教育她"不要攀比"，我只是安静地听着，并适时地回应："听起来你真的很难受。""被那样说，肯定会很生气吧。"

等她的情绪风暴过去后，我才轻轻地问她："在这件事里，让你感觉最不舒服的，究竟是什么呢？"

在我的引导下，她自己得出了结论："其实我有一点点嫉妒她的条件，但我更无法认同的是她看不起别人的态度。"

当孩子把情绪说出来、被共情、被理解，其实问题已经解决了一半。

解决方法：三步走

面对孩子友情中的风波，我们需要引导孩子自己找到平衡。

第一步：先当"树洞"，再做"镜子"

这是处理问题的黄金第一步，最重要的是"接住情绪"。我们可以这样做：

- 成为"树洞"

当孩子倾诉时，放下你手里的所有事情，专注地、不打断地听。你的任务只有一个——吸收他的负面情绪。

- 成为"镜子"

用共情的语言,把他混乱的情绪清晰地反射回去。例如:"听起来,你既感到被误解的委屈,又有点因为吵架而后悔,是吗?"让他感觉自己被深深地理解了。

第二步:递上"探照灯",而非"地图"

当孩子情绪平复,开始寻求解决方案时,我们不要直接给他一张"地图"(告诉他该怎么走),而是递给他一盏"探照灯"(帮他自己看清脚下的路):

- 启发式提问

用开放式问题引导他思考,例如:"你觉得这件事里,你最希望达到的结果是什么?""如果想和好,你觉得可以做些什么?""除了生气,还有没有别的处理方式?"

- 鼓励换位思考

引导他跳出自己的视角:"如果换成你是他,在那种情况下,你可能会怎么想?"

第三步:明确"救生员"的职责,而非"陪练员"

在绝大多数情况下,我们都应该相信孩子有能力自己处理好朋友间的"小打小闹"。我们的角色是"救生员",而不是"陪练员":

第四章 12~18岁：在风暴与迷茫中，陪伴孩子寻找自我认同

- 保持观察，但不介入

静观其变，给孩子时间和空间去修复关系。

- 明确介入的"红色警报"

只有当矛盾升级为持续的、恶意的校园欺凌（包括身体、言语或网络暴力），或者孩子因此长期情绪低落、出现心理创伤迹象，并明确向你求助时，我们才需要果断介入，联系学校，保护孩子。

随时可用的"家庭工具包"

- "情绪回声"练习

当孩子向你倾诉时，练习用"听起来你感到……""我感觉到你……"这样的句式来回应，这不仅能安抚他的情绪，还能帮他更准确地认识自己的感受。

- "友谊复盘"地图

准备一个本子，当孩子愿意时，和他一起像侦探一样，画出这次矛盾的"案情地图"：事件起因、我的感受、对方的感受、几种可能的解决方案、我最终的选择。

- "倾听者"模式切换键

在家里可以做一个约定，当孩子说"我只是想跟你吐槽一下"时，家长就按下心中的"倾听键"，承诺只听不说教，给他一个纯粹的"树洞时间"。

- "红色警报"清单

和孩子一起讨论并列出需要家长介入的"红色警报"情况,让他明白,你不是不关心他,而是在信任他能处理好大部分问题,同时,在真正的危险面前,你永远是他最坚实的后盾。

小结

当孩子在友情中遇到问题时,他最需要的,往往不是家长的干预和解决,而是被倾听、被理解。

请记住:情绪先被看见,孩子才有空间思考;不能替孩子走路,而是教他整理自己的情绪。

通过正确的倾听与引导,不仅能化解孩子眼前与朋友的小矛盾,更能让孩子在一次次人际互动中,逐渐学会独立面对冲突、处理复杂关系,这将成为他一生宝贵的财富。

后记：教养，是一场漫长而温柔的修行

写完这本书，我的脑海中反复浮现一个画面：一个孩子蹒跚学步，在前方跟跟跄跄奔跑，而大人不紧不慢地跟在后头，既不催促，也不干预，只在必要的时候伸出手，托他一把。

这就是我心中最理想的亲子关系的模样。

在这一生的教养旅程里，我们不只是孩子的引路人，更是他生命中最早的"他者"——我们如何看待他、回应他、界定他，最终都将塑造他如何看待自己。我们常以为教育的目标，是教会孩子成为一个"更好的人"，但其实，更根本的，是帮助孩子成为那个真实的自己。

我写下这本书，不是为了提供标准答案，而是希望把心理学的温度，带入你每天面对孩子的片刻之中。愿你能在孩子的一个眼神、一句牢骚、一次叛逆里，读出他背后的情绪、渴望与困惑；也愿你在育儿的每一次疲惫和犹豫里，都能对自己温柔地说一句："我已经尽力了。"

家庭教育从来不是一场冲刺，而是一场需要耐心、理解、边界与爱的接力长跑。在这条路上，我们都会迷茫、会犯错、会后悔，但只要我们始终愿意陪伴、愿意学习、愿意去爱，就已经走在最正确的道路上。

我要特别感谢我生命中最亲密的三个人——

感谢我的两个孩子。是你们的成长，推动我不断学习，也让我一次次重新理解"成长"这个词。每一次你们回头看我的时候，都让我知道：教养不是我在塑造你们，而是我们在彼此成就。

感谢我的先生，一直以来对我专业的信任和对我育儿理念的支持。你让我在理想与现实之间有了可依靠的桥梁，也让我在情绪与责任之间有了自由的空间。这本书的每一个章节背后，都藏着你的理解和成全。

愿每一位读完这本书的你，都能不焦虑、不慌张地做一个刚刚好的父母，也做一个不放弃自我成长的大人。

我们一起，静待花开。

田芊
写于一个普通的夜晚

图书在版编目(CIP)数据

亲子关系心理学:告别焦虑与内耗的家庭沟通指南/田芊著.--上海:复旦大学出版社,2025.7.--ISBN 978-7-309-18175-3
Ⅰ.G782
中国国家版本馆CIP数据核字第20251SV051号

亲子关系心理学:告别焦虑与内耗的家庭沟通指南
QINZI GUANXI XINLIXUE: GAOBIE JIAOLÜ YU NEIHAO DE JIATING GOUTONG ZHINAN
田 芊 著
责任编辑/刘西越

复旦大学出版社有限公司出版发行
上海市国权路579号 邮编:200433
网址:fupnet@fudanpress.com http://www.fudanpress.com
门市零售:86-21-65102580   团体订购:86-21-65104505
出版部电话:86-21-65642845
上海盛通时代印刷有限公司

开本890毫米×1240毫米 1/32 印张8.75 字数175千字
2025年7月第1版
2025年7月第1版第1次印刷

ISBN 978-7-309-18175-3/G·2737
定价:56.00元

如有印装质量问题,请向复旦大学出版社有限公司出版部调换。
版权所有 侵权必究